韓国ドラマ全史

なぜ世界的ヒットを連発できるのか?

黄仙惠

ディスカヴァー携書

259

韓国ドラマ全史　目次

第3章　テレビ局とドラマ制作会社の住み分け

第4章 オリジナルストーリーを描く、脚本家の奮闘

第5章 韓国型スタジオシステムとドラマビジネス

第6章 韓国ドラマの未来像と人材育成

第7章 次に来る韓流は何か?

はじめに

韓国発のコンテンツは、現在も世界中で根強い人気を誇っている。それどころか、過去25年でその人気はさらに高まり、影響力を広げている。ドラマをはじめ、K－POP、映画、ウェブトゥーン（デジタル漫画）といったコンテンツジャンルにとどまらず、その波及効果はファッション、美容、食文化、旅行など多岐にわたる産業分野にまで広がっている。

２０２４年１月５日、韓国の文化体育観光部は、２０２２年のコンテンツ産業の輸出額が前年比６・３％増の１３２億４０００万ドル（約１兆９２００億円）に達し、過去最高を記録したと発表した。この輸出額は、電気自動車（ＥＶ：98億３０００万ドル）や家電

（80億6000万ドル）といった主要輸出品目を大幅に上回る結果となっている。

さらに、韓国輸出入銀行の海外経済研究所が2022年に発表した「Kコンテンツ輸出の経済効果」によれば、Kコンテンツの輸出額が1億ドル増加するごとに、化粧品や食品などの消費財の輸出額が1億8000万ドル増加し、これに伴う生産効果は5億1000万ドルに上ると推定された。

2003年、韓流の元祖ともいわれるドラマ『冬のソナタ』が生み出したものは、単に「韓国を代表する人気ドラマ」や「韓流ブームの始まり」、「稼げるドラマ」、「海外市場」という言葉では語り尽くせない。それは、2003年から現在に至るまでの20年以上にわたる、韓国ドラマ制作陣の挑戦と努力の軌跡である。

挑戦と成功、そして時には失敗を繰り返しながら、彼らは国際競争力を磨き上げ、韓国ドラマを見事な輸出文化商品へと成長させた。この過程には、単なる利益追求を超えた、「志」とも呼べる揺るぎない意志が込められている。

「韓国ドラマ全史」。

この執筆依頼を受けたとき、自分自身、半信半疑の思いを抱いたことは否めない。韓国ドラマの歴史を書くということは、時代に応じて変化するメディア環境や社会状況、送り手と受け手の関係など、多岐にわたる要素を扱う必要があり、それは明らかに自分の専門領域を超える挑戦だった。

しかし一方で、自らの経験をもとに、韓国ドラマが歩んできた「独自の歴史」を描くことならできるのではないかと考えた。そして、現在の韓国ドラマの地位を確立した制作陣が切り開いてきた進化の軌跡こそ、「韓国ドラマならではのヒストリー」として語るべきものだと確信した。


では、韓国ドラマの制作陣が追求しているものとは何なのか。それは、物語を生み出す脚本家、無形の物語を映像という有形のものに変えるプロデューサーや演出家、スタッフといった多くのクリエイターたちが、創作の力を存分に発揮できる環境を支えること。そして、それを多角的に支援する制作会社や、次世代のクリエイターを育成する組織団体など、韓国ドラマの最前線に立つ人々の「志」を形にすることにほかならない。

本書の執筆目的は、まさにこうした制作陣や支援者たちの「志」を読者に届けることにある。


私は大学時代、学生記者としてクラブ活動に参加し、メディアを活用したモノづくりに興味を抱いた。その延長として、卒業後は韓国の公共放送局に就職し、社会人としての第一歩を踏み出した。

2002年に来日して間もなく、韓国のテレビ番組が「輸出文化商品」として確立されつつあることに気がついた。NHKをはじめ、地上波テレビ、BS、CSなど、特に昼間の時間帯にはどこかのチャンネルで必ず韓国ドラマが放送されている状況だった。

その後、2005年には日本企業のエンターテインメント部門でプロデューサーとして第二のキャリアをスタートし、コンテンツ産業の最前線に身を置くことになった。現場で得た生々しい経験は、グローバル展開を視野に入れたコンテンツ制作の貴重なデータとして蓄積されていった。

さらに近年では、韓国の文化政策を実行する政府機関の日本代表としての役割を担い、世界に通用するコンテンツを生み出すための短期・長期の国策がどのような影響を及ぼすのかを実践的に学んだ。

本書では、あえてドラマのストーリーやキャラクターを細かく分析したり、作品を評論したりすることはしない。その代わりに、ドラマが誕生する背景となる時代の変化やメディア環境の進化に応じて、韓国のドラマ制作陣が何を目指し、どのような結果を生み出したのかに焦点を当てる。

クリエイティブの視点、ビジネスモデルの進化、人材育成の取り組みを通じて、韓国ドラマがいかにして現在の地位を築いたのかを掘り下げる。そして最後に、アジアエンターテインメント時代の幕開けを見据え、日本と韓国が未来志向でどのように産業交流を進めていくべきか、その可能性を描いていきたい。

本書に記された内容は、あくまで私自身の視点から見た一例であり、他の業界関係者と必ずしも見解が一致するとは限らない。また、韓国ドラマのサクセスストーリーを語るつもりもなければ、単なる賛美を目的としているわけでもない。
私が願うのは、本書を手に取った読者が、韓国ドラマの成長と進化の裏側に隠された試行錯誤の歴史に目を向けることだ。その姿を描くために、精一杯筆を執らせていただいた。

黄仙惠

第1章

韓流の原動力と国際通貨基金（ＩＭＦ）

ＩＭＦがもたらしたモノ、コト、ヒト

韓国の近代史において「悪夢」とも称される出来事の一つが、１９９７年の通貨危機とそれに伴うＩＭＦによる救済である。

ＩＭＦ（国際通貨基金、International Monetary Fund）とは、国際通貨協力を促進し、金融の安定を維持することで、生産性の向上や雇用の創出、健全な経済の実現を支援する国際機関である。現在１９１か国が加盟している[1]。

１９８８年のソウルオリンピックを機に急成長した韓国経済は、10年後に大きな危機に見舞われた。この危機により、失業者が急増し、学校や幼稚園に通えなくなった学生や子どもたちが現れ、朝鮮半島の人々の日常生活は根本から変わってしまった。

多くのドラマでも背景として描かれたＩＭＦによる救済は、１９９７年12月から２００１年8月まで続いた。この救済措置は、通貨危機によって引き起こされた大量の失業、不動産の大量売却、そして深刻な金融不安の後に実施されたものである。これを契機に、韓国経済は再構築を余儀なくされ、大規模な構造改革に着手することとなった。

ＩＭＦの管理下で救済を受けている間、韓国にとって急務だったのは、新たな産業の育

成、雇用の創出、そして国民所得の増加であった。１９９５年には、一人当たりの国民所得が1万ドルを突破したものの、通貨危機の影響で１９９８年には６４００〜６７００ドルにまで後退し、１９９１年の水準に逆戻りしてしまった。また、１９９７年には約1万７２００社が破産し、さらに１９９８年1月から5月の間に約1万７０００社が倒産するという深刻な状況に直面した[2]。

生活苦による自殺者が増加し、窃盗などの犯罪が「ＩＭＦ型の生存犯罪」とまで呼ばれるほど、苦しい日々が続く中で、政府は国民生活を豊かにし、幸福を実感できる社会の構築や復興を求められていた。また、国民は貿易依存度がＩＭＦ救済以後に60％を超えたこと、さらには海外資源への依存度が高まったことに対して不安を抱いていた[3]。

悪化し続ける韓国社会の復興に新たな光をもたらしたのは、ＩＭＦ監督下に入った翌年、１９９８年2月に第15代大統領に就任した金大中（キム・デジュン）氏の政策である。彼

1　国際通貨基金　https://www.imf.org/ja/About/Factsheets/IMF-at-a-Glance（２０２４年12月19日閲覧）
2　カン・ジュンマン『韓流の歴史』（人物と思想社、２０２０）
3　貿易依存度とは、一国の経済における外国貿易の重要度を表す指標をいう。通常は、貿易額（輸出額と輸入額の合計）を国民所得（国内総生産あるいは国民総生産）で割った比で表される。

は「主権は国民に属する」と強調し、「国民の政府」を提唱した。さらに、就任演説では復興への具体的な対策を明言し、国民に希望を与えた[4]。

〝世界は、物質的な資源が経済発展の要素であった現在の工業社会から、無形の知識や情報が経済発展の原動力となる知識情報社会へと移行しているのです。情報革命は世界を一つの地球村に変え、国民経済から世界経済時代への移行をリードしています。情報化時代とは、いつでも、どこでも、誰でも、簡単に、安価に情報を入手し、利用することができる時代です。これは、民主主義社会でなければできないことです。(中略)〟

金大中大統領は、情報化時代の到来を予見し、知識情報社会が経済発展の原動力になると明言した。彼は、世界が一つの村のように結びつき、それが経済を牽引し、誰もがその恩恵を享受できる時代が訪れると強調した。このビジョンは、おそらくインターネットやＩＴの普及を指していると考えられる。さらに彼は、韓国を知識情報社会の先頭を行く国へと変革し、「文化」を基盤とした新たな産業を創出するという革新の必要性を訴えた。

〝新しい政権は、我々の世代が知識情報社会で主導的な役割を果たすことができるよう努力します。小学校からコンピュータを教え、大学入試では学生がコンピュータ科目を選択できるようにします。私たちは情報大国の礎を築き、世界で最もコンピュータ集約的な国をつくります。（中略）
私たちは、国民文化のグローバル化に焦点を当てなければなりません。伝統文化に込められた高い文化的価値を継承し、発展させていきます。文化産業は21世紀の基幹産業です。観光産業、コンベンション産業、映像産業、文化的特産品など、無限の市場が待っている富の宝庫です。（省略）〟

同年10月の演説では「文化大統領」を宣言し、21世紀は「知識と情報の時代」「文化・観光の時代」であると述べた。これからは、基幹産業として文化・観光産業を振興させ、海外市場の開拓に全力を尽くすことを強く訴えた。金大中政権は、文化産業が膨大な高付加価値を生み出す可能性に確信を持ち、「Dynamic Korea」を国家ブランディングスロー

4　第15代金大中大統領の就任演説の動画　https://youtu.be/avrDyO022WI（２０２４年12月19日閲覧）

ガンとして掲げた。また、ITやデジタルコンテンツへの注力に加え、文化産業振興基本法の改正やオンラインデジタルコンテンツ産業振興法の制定など、各政策に基づいて法整備も進めていた。

このような文化産業の資源である「コンテンツ」に文化や情緒的な価値を内包し、創造性によって知識の競争力を高めることを目指した文化政策は、国民の生活に直接的な影響を与えたとはいえない。無形の想像力や創作力に依存する文化支援が、当時どのように評価されていたのか、興味深い点である。家族や知人がリストラに遭い、自営業者が次々と廃業し、さらには親の失業により子供たちが休学を余儀なくされるような厳しい状況下で、文化を基幹産業とする政策は、韓国経済の復興を賭けた一か八かの選択だったといえる。

IMF監督下の約3年8か月とほぼ重なる金大中政権の文化政策は、一言で言えば「選択」と「集中」である。主要な戦略分野として、映画・アニメなどの映像、ゲーム、音楽、放送、出版・印刷、ファッション・デザイン、工芸の7分野を選定し、制度整備や財源確保、専門人材の育成などインフラの構築に重点を置いた。その後、輸出製品の開発や海外市場の開拓を通じた国際競争力の強化、さらに文化産業団地の設立などにより、国家基幹産業の転換を目指す段階的な政策が展開された。

次に就任した第16代大統領、盧武鉉（ノ・ムヒョン）氏は、「21世紀は知識と文化創造力が国家競争力を左右し、文化強国が経済大国となる時代」と述べ、「世界五大文化産業強国」を目指すと訴えた。彼の政権では、伝統文化のブランディング、地域文化都市の整備、社会的弱者への支援などを文化政策の重点領域とし、積極的に推進した。

韓国のコンテンツが世界から注目されるたび、「韓国のコンテンツは国策によるゴリ押しで売れた」という説がしばしば語られる。これは、文化政策の支援に携わった立場としてよく受ける質問の一つでもあるが、答えは一貫している。「国策で売れた」というのは、まったくの誤解である。ただし、政策が存在しなかったわけではない。先述の通り、ＩＭＦ危機を乗り越えるために、韓国経済の再構築と大規模な構造改革が必要とされた中で、文化産業が注目を集めたのは事実である。新産業として、ＩＴやデジタルコンテンツ、海外展開に向けた先見的な取り組みが進められたことは否定できない。

もしＩＭＦ危機がなかったとしたら、韓国の文化やエンタメコンテンツを象徴する「韓流」は生まれていただろうか。ＩＭＦ入社組と呼ばれる世代の一人として、当時、国家の存在感や経済力の低下をあれほど身近に感じた経験は忘れられない。しかし、ＩＭＦ危機がもたらした「モノ」「コト」「ヒト」は、必ずしも暗い側面だけではなかった。コンテンツという財産、ソフトパワーとしての価値、そして成功を収めた文化政策。その恩恵を受けて育った人材こそが、約25年後の現在、韓国コンテンツを世界で躍進させる原動力となっている。

トレンディドラマからIMF型ドラマへ

1980年代後半、日本ではバブル経済による消費の過熱とともに、従来のホームドラマが姿を消し、それに代わり「トレンディドラマ」が登場した。トレンディドラマとは、昭和から平成にかけてのバブル景気前後に制作された日本のテレビドラマの一部を指すものである。明確な定義はないが、都会で生活する若者たちの恋愛やトレンドを中心に描いた現代的なドラマがほとんどである。

韓国のドラマ業界もこの流れの影響を受け、1990年代に入ると、若者のニーズに応える感覚的で軽快なストーリーが特徴の作品が次々と生み出された。華やかな小道具や異国風のロケーション、魅力的な男女の恋愛など、時代の流行を反映した要素が取り入れられた。

１９９2年6月から7月に放映されたドラマ『ジェラシー』は、韓国初のトレンディドラマである。「男女の友だちの間に果たして愛は生まれるのか」という普遍的なテーマを中心に、３人の男女の絡み合う関係を通して愛を確かめ合う物語が注目された。スピード感があり洗練された映像とテンポの速い展開が、軽やかで感性的なラブストーリーを引き立て、若い世代に支持された。これにより、トレンディドラマは登場人物のファッショントレンドを視聴者に伝えるだけではなく、大衆文化の新たな感覚的消費様式として定着した。ドラマ『ジェラシー』が開いたトレンディドラマの道は、その後『ザ・パイロット』（１９９３）、『ファイナル・ジャンプ』（１９９４）、『愛をあなたの胸に』（１９９４）へとつながり、その影響を広げていった。

テレビドラマはすべて映像で表現されるが、トレンディドラマはその中でもビジュアル的な見どころが満載の作品である。ストーリーや台詞よりも、シーンに映し出される美しさが際立っており、美男美女の主人公や明るく軽快な映像、さらにそれを引き立てる音楽が作品の魅力を高めていた。反面、現実の問題は完全に排除され、消費志向的な設定の中で葛藤や苦労さえも華麗に描かれており、資本主義の市場経済をそのまま反映したファンタジーの世界を描いているという批判もあった。

一方、ＩＭＦ管理下での影響は、国民生活だけでなくテレビドラマにも新たな風を吹き込み、変化をもたらした。韓国の近代産業主義が完全に崩壊し、その影響がテレビ業界にも波及した。ドラマの制作本数が減少しただけでなく、トレンディドラマ風の素材が排除され、非現実的で通俗的なメロドラマ形式は敬遠された。その代わりに、保守的で家族中心の純情的な要素を含むドラマが次々と登場した。いわゆる「ＩＭＦ型ドラマ」と呼ばれ、代表的な作品としては、母と6人兄弟が家族愛で貧しさを乗り越える過程を描いた『6人兄妹』（１９９８）や、母と4人の娘が紡ぐ穏やかで温かい愛の物語『Mom's Daughter（英題）』（１９９８）が挙げられる。

１９９８年3月の記事には、ＩＭＦが国民の心に深く定着し、お茶の間劇場の寵児と呼ばれるドラマもすべてがＩＭＦの影響を受けていると指摘されている。若者向けのトレンディドラマや専門職、キャリアウーマン、上流階級を取り上げた豪華なドラマで勝負してきた放送局も、素早く方針を転換し、ＩＭＦ型ドラマを前面に押し出して関心を集めた[5]。

しかし、視聴者の評価は好評ではなかった。ドラマはＩＭＦ型になっているものの、実際の内容は経済難の現状をきちんと反映できていないとする批判の声も多かった。また、当時のドラマはどれもＩＭＦを反映しているように見えるが、実際にはその実情を正確に描いているものは少なかった。真の痛みを癒そうとしているのではなく、単に時流に乗って人気を得ようとしているだけではないかという意見もあった。

ドラマが時代を映し出し、反映するという役割は今も変わらないが、当時はテレビというメディアの影響力は現在よりも大きかった。視聴者の作品への感情移入や評価が視聴率に直接反映される時代において、制作側はＩＭＦ危機の影響で、素材選びの幅が狭まるのではないかとも懸念されていた。しかし、ドラマ制作者たちは自ら制限をかけることなく、多様で大胆なテーマに挑戦し、社会の裏側に潜む現象を取り上げて公論化するという重要な役割も担っていたと関係者は言う。

一方で、華やかで消費志向のトレンディドラマから、保守的で家族主義を訴えるＩＭＦ型ドラマへと移行する流れが生まれ、それがやがて「韓国ドラマらしさ」として特徴づけられるようになった。韓国ドラマが中国を含むアジアで広がり始めた頃には、「おしゃれではないが、家族を大事にし、温かい人情があふれ、純粋で人間味がある」といった評価

5　連合ニュース「ドラマもＩＭＦ式」（1998.3.24）
https://n.news.naver.com/mnews/article/001/0004378433?sid=103　（２０２４年10月31日閲覧）

が多く見られた。このような評価は、IMF型ドラマの進化が生んだものであり、さらにそこからトレンディドラマで培われた音楽、ロケーション、ファッション、撮影技術が加わることで、韓流ブームを牽引する韓国ドラマが生まれたと考えられる。

高い文化的近接性と低い文化的割引

韓国ドラマはいつから海外で注目を集め、そのきっかけは何だったのか。このことは韓流の胎動につながり、その結果、国境を越えた文化交流の始まり、さらには海外展開のビジネスモデルとしても意義を持つことになる。

韓国コンテンツ振興院が発行する「KOCCA FOCUS」によれば、韓国コンテンツのグローバル展開の始まりとして、1997年に中国で放映されたドラマ『愛が何だって』が海外進出を果たした最初の作品とされている[6]。しかし、それより4年前には、すでに他の韓国ドラマが中国で取引されたことも分かっている。

1992年8月、韓国と中国の間で国交が正常化し、文化交流の扉が開かれ始めた。その1年前、韓国の各放送局は番組の輸出先として中国市場に注目しており、1992年にはアニメ『むかしむかし（原題）』、1993年にはドラマ『ジェラシー』が中国へ輸出された。特に『ジェラシー』は、韓国ドラマとして初めて海外に進出した、韓国型トレンディドラマの元祖といえる作品だった。

『ジェラシー』は、韓国と中国の国交正常化という時機の良さに加え、韓国ドラマの中国市場の開拓の先駆的な存在だったが、特に価格競争力が強みだったという。当時、日本のドラマがアジア市場で、1話当たり1500ドルで取引されていたのに対し、『ジェラシー』は1話当たり900ドルで、中国のハルビンTVと契約を結んだ。この価格競争力は、2000年頃は日本の4分の1、香港の10分の1とされていた。

中国に加えて、ベトナムや台湾でも韓国ドラマは広がっていった。ドラマ『フィーリング』は韓国大使館の広報用として初めてベトナムテレビで放映され、視聴者から絶賛された。さらに1998年5月には、ホーチミンテレビで放映された医療ドラマ『ドクターズ』が大きな反響を呼び、主演のチャン・ドンゴンが一大シンドロームを巻き起こすほどの人気を博した。このようにして、韓国ドラマはベトナムで次々と支持を集め、1999年に

6　韓国コンテンツ振興院「KOCCA FOCUS 138号」（2022.3.23）

は45本、2000年には60本の韓国ドラマが放送されるまでに至った。

一方、台湾では1997年から徐々に韓国ドラマが放映され始めたが、先に進出していた日本ドラマほどの人気は得られなかった。時代劇が多少の注目を集めたものの、輸出商品としてはまだ本格的に考慮されていなかった。しかし、2000年代に入ると韓国ドラマの人気は上昇し、恋愛を中心とするストーリーだけでなく、家族の問題や絆といった台湾の人々の生活に通じる要素が共感を呼ぶようになった。

このように、韓国ドラマがアジア圏の国々に定着した背景には、文化的近接性（cultural proximity）が高かったことが挙げられる。人々は他文化を受け入れる際、自国の文化と似ている文化に対して親近感や共感を覚えやすく、受け入れやすくなる。言い換えると、ある文化圏のコンテンツが別の文化圏に進出する際、言語や慣習、価値観、宗教などの文化的な違いによってコンテンツの価値が下がる「文化的割引（cultural discount）」が低いことを意味する。

韓国ドラマが初期段階で中華圏を中心とした一部のアジア地域に広がったのは、高い文化的近接性と低い文化的割引の恩恵を受けたためだといえる。

生き残るために、「外」を見よう

ＩＭＦによる救済が本格化した１９９８年、当時の金大中大統領は「文化産業」を次世代の主要産業の一つに位置づけ、21世紀の基幹産業とすることを宣言した。一般に基幹産業とは、国の経済活動の基盤を支える重要な産業を指す。鉄鋼業、エネルギー産業、機械産業、化学工業や運輸業といった製造関連業が代表例であり、それらが基幹産業であることには理解が及ぶが、果たして「文化」が基幹産業になり得るのかという疑問が生じた。

一方で、この宣言とは対照的な文化政策が物議を醸した。１９９８年10月20日、韓国政府は日本の大衆文化を段階的に開放すると発表した。その前の10月8日には「日韓共同宣言―21世紀に向けた新たな日韓パートナーシップ」が締結され、政治、経済、文化などの分野での交流拡大を目指す43項目の行動計画が策定され、両国が相互協力と文化交流を推進することが約束された。

長年、植民地支配を受けた韓国にとって、日本に関する政府の動きに敏感に反応するのは当然だった。しかし、日本の大衆文化開放政策については、歴史的な関係を超えた次元での問題であった。ＩＭＦによる救済下という特別な状況の中で、海外資源への依存度が高まっている不安がさらに拍車をかける事態となった。

金大中政権は段階的ではあるが相当な速度での日本大衆文化開放方針を打ち出し、4段階に分けて開放措置を進めることを決定した。第1次開放（1998年10月20日）では、4大国際映画祭受賞作や日韓共同制作映画、日本で劇場公開された映画やビデオなどが解禁され、第2次開放（1999年9月10日）では、指定された70余の国際映画祭の受賞作や「全年齢観覧可」に指定された映画（アニメを除く）、2000席以下の劇場での公演作品が対象となった。第3次開放（2000年6月27日）では、18歳未満観覧不可を除く日本の映画、ゲーム、放送、CD、アニメなど幅広いジャンルが開放された。順調に進んでいた日本大衆文化の開放措置は、日本の歴史教科書問題の影響で一時中断されたが、3年後の次期政権で、第4次開放（2003年9月17日）として映画、レコード、ゲーム分野が完全に解禁された。

このような日本の大衆文化開放政策についてはさまざまな懸念や批判もあったが、背景には、海賊版や違法に流通していた日本の大衆文化を合法的に取り込むという意図もあった。しかし、文化を通じて生活の質を向上させ、精神を豊かにする教養としての役割にとどまらず、国家経済に寄与する「産業」としての認識が強かったのではないかと考えられる。

金大中大統領は大統領選挙の一年前に、「1993年に公開された映画『ジュラシック・パーク』の世界興行収入は8億5000万ドルで、韓国の自動車150万台の輸出収益に匹敵し、これを達成するのに1年を要する。このように一本の映画が基幹産業と同様の利益を生むのは、文化の威力であり、文化産業の可能性を示している」と述べた[7]。

また、大統領当選後に日本のメディアとのインタビューで、「日本文化に対して閉鎖的だったのは韓国文化を保護する名目もあったが、市場経済の観点からは、競争に勝つことが重要である。閉ざされたままでは発展がない。過去のように民族主義や民族経済の時代にとどまらず、世界の中で1位になることが求められている」と語った[8]。

ＩＭＦ管理下という厳しい状況の中で、日本の大衆文化開放は、韓国文化産業のグローバル競争力強化のために必須であることと認識されていたといえる。電子産業のように、韓国文化産業の発展のためには日本の大衆文化を参照し、分析し、競争し、超えていかな

7　金大中図書館編『金大中全集Ⅱ：第19巻』（延世大学校、２０１９）
8　金大中図書館編『金大中全集Ⅰ：第1巻』（延世大学校、２０１５）

ければならない対象として捉える必要があったと考えられる。
生き残るためには「外」を見なければならない韓国。この「外」は、日本やアメリカ、ヨーロッパといった特定の国や地域を指すものではない。何よりも、文化芸術が市場で他の文化と競争しながら生き残り、国際競争力を持つために、「グローバル」を見据えた韓国の文化産業の構築が不可欠だったということを示している。

コラム　ドラマにみるIMF危機の韓国社会―『二十五、二十一』、『財閥家の末息子～Reborn Rich』

「韓国の映画やドラマを観ると〝韓国社会〟が見えるが、日本のものを観ると〝人の生き方〟が見える」

ある映像監督からこの話を聞いた時、反論する言葉が見つからず、思わず同意してしまったことが忘れられない。

ドラマは社会の変化を素早く解釈するためのメディアであり、時代の姿を映し出している。IMF危機の韓国社会を取り上げたドラマは数多くあるが、その中で私が最も印象的だった作品は『二十五、二十一』と『財閥家の末息子～Reborn Rich』である。

『二十五、二十一』は、IMF救済を受ける中で、家族や友人、夢を失った若者たちの挫折と、それを乗り越えていく成長が描かれている。一方、『財閥家の末息子～Reborn Rich』は、韓国を代表する財閥グループを舞台に、財閥総帥一家のオーナーリスクを管理する秘書が、財閥家の末息子として「2回目の人生」を生きるファンタジードラマである。高校生の成長物語と財閥企業への復讐劇という異なる設定だが、どちらの作品もIMF危機が韓国社会や国民に与えた影響をリアルに描いている。

まず、『二十五、二十一』についてだが、フェンシング部で活躍する高校生の主人公は、フェンシング選手として生きることを決意している。しかし、IMF危機の影響で学校からの支援が打ち切られ、高校のフェンシング部は解散を余儀なくされる。

主人公は「夢を奪わないでください」と抵抗するものの、コーチはこう語る。

「お前の夢を奪ったのは、俺ではなく時代だ」

その後、主人公はフェンシング部のある別の学校へと転校し、ある日、国家代表選手の選抜試合が開かれる。この試合は国内のランキング上位の選手が参加資格を持っているが、

ＩＭＦの影響で上位二人が辞退したため、ランキング外の主人公に出場のチャンスが巡ってくる。その時、監督は主人公にこう伝える。

「時代があなたを助けたの」

時代に翻弄されながらも運命を受け入れた主人公の姿は、50代である私を含め、あの時代を知る韓国人に大きな共感を呼び起こした。ドラマの中で触れられていたように、外貨準備高を増やすために国民が自ら金を集めた経験も、忘れられない出来事だ。

一方、『財閥家の末息子～Reborn Rich』では、韓国を代表する財閥であるスニャングループに忠誠を尽くし、オーナーリスクを管理してきた秘書役の主人公が、財閥一家に命を奪われた青年として一家の末息子に転生する。転生後、主人公は未来20年間の出来事を知っている立場となり、復讐を実行していく。

このドラマでＩＭＦ危機の影響が最もリアルに描かれたのは、主人公の父親のエピソードだ。父親は当時、国内最大の自動車グループに勤めていたが、ＩＭＦ危機による経営悪化と莫大な負債のため、会社は破産に追い込まれる。強制リストラの対象となった父親は、諦めずにデモを行い声を上げ続けるが、武力による鎮圧で血を流し、最後には命を落としてしまう。国家経済が崩れていく中で現実と戦う父親の姿は、時代を象徴し、視聴者に深い没入感を与えた。

人生のすべてを会社に捧げ、家族を守ろうとしてきた父親。ＩＭＦの影響は会社だけでなく、家族さえも破産に追い込んでしまう。主人公の父親の設定には、韓国で実際に起こった事件が絶妙に織り込まれており、激動の韓国現代史をたどる硬派な社会派ドラマとしても見応えがある。

両作に描かれたＩＭＦ危機と韓国社会への影響は、国民一人ひとりの人生を根本から変え、時に人の命までも奪うほどの残酷さを示している。国家という組織の実体や、国家を構成する国民の弱さ、そして人の意志や努力だけでは耐えられず、乗り越えられない現実が、これらの作品を通して深く伝わってくる。

第2章

危機をチャンスへ――韓国ドラマの躍進

２００２FIFAワールドカップへの感謝――日韓合作『friends』

２００２年といえば、私が留学生として来日したばかりの年であり、日本語がまだ不十分な中で新しい生活をスタートした時期である。大学の日本語別科に通いながら、知り合いもいない東京での生活は、決して楽しいことばかりではなかった。新大久保のコリアタウンで買い物をしたり、情報を得たりすることが日常の一部となり、慣れない環境に適応しようと試行錯誤していた。

日本語を一刻も早く上達させたいという思いから、学校の授業以外の教材として選んだのがテレビ番組だった。韓国のテレビ局で番組制作に携わっていた経験があり、日本のテレビについても多少の知識はあったが、いざ視聴してみると、２００２年の日本のテレビ番組は驚くほど韓国関連の話題が多いことに気づいた。

特に印象に残っているのが歌手ＢｏＡの存在だった。韓国人アーティストが日本の音楽のトップに立ち、流暢な日本語を操り、日本のファッションや文化に自然に馴染む姿は、彼女が所属するＳＭエンターテインメントのグローバルな戦略の成功を如実に物語っていた。また、俳優のユン・ソナやコメディアンのチョ・ヘリョンがバラエティー番組やトーク番組に出演し、韓国の文化や情報を発信している様子も、当時の私にとってはカルチャーショックだった。

同年5月末になってから、日本のメディアで韓国関連の話題が多かった理由がはっきりと分かった。2002年、史上初めてFIFAワールドカップが日本と韓国の共同開催で行われたことで、両国が互いに協力して盛り上げようとしていたのだ。国際競技の共同開催という新しい試みを通じて、各競技が行われるたびに、日本と韓国の双方で盛り上がりが増していくのを実感した。

この初の2か国共同開催は、メディアにも新たな挑戦を促し、大きな話題を呼んだ。その象徴的な例が、サッカーワールドカップ日韓共催をきっかけに制作されたドラマ『friends』である。このドラマは、日本のTBSと韓国のMBCが共同制作し、ほぼ日韓同時放送というテレビドラマ史上初の試みだった。全4話の『friends』は、第1話と第2話を日本が制作し、第3話と第4話を韓国が手掛ける形で進められた。日本の人気女優・深田恭子と、韓国で大ヒットを記録したドラマ『秋の童話』の主人公ウォンビンが共演し、国境を越えたピュアで切ないラブストーリーを描いた。

これを機に、韓国で放映された連続ドラマが初めて日本の地上波テレビ局で放送される動きも見られた。視聴率30％を超えるほど話題になった韓国ドラマ『イヴのすべて』が、2002年10月にテレビ朝日で編成され、放送直前には出演俳優が来日してプロモーション活動を行い、大きな注目を集めた。このドラマは、韓国のテレビ局を舞台に、看板キャスターの座を争う二人の女性アナウンサーと、それを取り巻く人間模様を描いたストーリーで、日本でも十分受け入れられる内容だった。

しかし、視聴者からの反響は期待に反して冷ややかだった。その主な原因として、オリジナル版が20話構成であるのに対し、日本の編成枠に合わせて10話に圧縮されたことで、ストーリーに辻褄が合わない部分が多く生じたことが挙げられる。また、主題歌やBGMが差し替えられたことも、ドラマの雰囲気を損なったとの指摘があった。韓流の火付け役として知られる『冬のソナタ』よりも1年早く注目された点は評価できるものの、無理な編集が作品の魅力を損ねた結果となった。

初めての試みから得られた成功や課題を通じて、2002年はサッカーワールドカップの日韓共催をきっかけに、日本と韓国のメディアが中心となり、互いの文化を知り合い、協業を通じて情緒的な交流を育む年となった。このような取り組みは大いに評価されるべきであり、まさに韓流ブームの先駆けだったといえるだろう。その流れを受けて翌年には

『冬のソナタ』が日本で放送され、韓流の本格的な幕開けとなったのである。

完璧な設計図は成功しない──『冬のソナタ』とＮＨＫ

２０２４年10月、日本と韓国の両国を驚かせるニュースが報じられた。日本における韓流ブームの火付け役となったドラマ『冬のソナタ』が映画化され、２０２５年に日本で公開される予定だという。日本で韓流ブームを牽引した同作が、画質を向上させ、映画として再び日の目を浴びることになる。映画版は、ドラマの制作会社であるＰＡＮエンターテインメントが手掛ける。

２００３年にＮＨＫＢＳで放映された『冬のソナタ』は、２０２３年に日本での放送から20周年を迎えた。この節目にあたり、日本の配給会社や韓流ドラマファンからの継続的な要望を受け、映画化が実現したという。映画版では、オリジナル映像を４Ｋリマスター化し、補正作業を行い、映画ならではのフィルム感を際立たせる。また、ドラマで使用されたＯＳＴ（オリジナル・サウンドトラック）は管弦楽バージョンに再編曲され、新たに録音される予定だ。

原作ドラマの演出を担当したユン・ソクホ監督が映画制作の全工程に関与し、さらに、映画『オールドボーイ』（２００３）や『シルミド』（２００３）を手掛けたイ・ジス音楽監督もプロジェクトに参加する。『冬のソナタ』がどのように新たな命を吹き込まれるのか、両国のファンの期待が高まっている。

２００２年のＦＩＦＡワールドカップ日韓共同開催を契機に、両国の共同制作ドラマが制作されたり、民放で韓国ドラマが編成されたりするなど、新たな試みが行われた。しかし、「日本における韓流」の本格的なブームのきっかけとなったのは、『冬のソナタ』である。同作は初回放送と再放送を経て、２００４年からＮＨＫ総合でも放映され、最終話は視聴率20％を超え、非常に高い人気を記録した。『冬のソナタ』はＮＨＫが初めて放映した韓国ドラマであり、その成功を受けて『美しき日々』や『オールイン 運命の愛』といった作品が続けて編成された。

もし『冬のソナタ』が日本のテレビで放映されず、さらにＮＨＫでの放送もなかったとしたら、ここまで大きな韓流ブームは起きていただろうか。

当時、韓国ドラマをはじめとする映画やバラエティー番組などの映像コンテンツの流通方法は、主に二つに限られていた。一つは、スカパー！プレミアムチャンネルの「ＫＮテレビジョン（現・ＫＮＴＶ）」を通じた有料放送サービス、もう一つはレンタルショップの利用である。

前者のＫＮＴＶは１９９６年に放送を開始し、韓国の主要放送局から提供された番組を放送する形でチャンネル運営を行っていた。放送開始当初は、一日数時間のニュース番組の生放送や字幕なしの番組もあり、日本在住の韓国人向けの放送局という性格が強かった。しかし、韓流ブームの到来により、ＫＮＴＶは日本語字幕付きの韓国ドラマをはじめとする多様なジャンルの番組を楽しめる唯一のメディアとして、韓国ドラマファンの間で重要な存在となった。

もう一つの方法はレンタルショップの利用である。私も来日当初、レンタルショップで韓国ドラマや映画を借りて観ていた思い出が今でも鮮明に残っている。

韓流ブームがここまで広がった背景には、やはりＮＨＫという公共放送の影響力が大きく貢献したと考えられる。一般社団法人日本映像ソフト協会と株式会社文化科学研究所が発表した「映像ソフト市場規模及びユーザー動向調査２０２２」によれば、日本の映像ソフト産業において、有料動画配信市場が登場したのは２０１３年であり、それ以前はＤＶＤ市場が主流だった。

つまり、当時のテレビ番組視聴はリアルタイムでの視聴や録画、さらにセルやレンタルのDVDなどのソフトパッケージ市場が主要な選択肢となっていた。

このような環境の中で、韓国ドラマが視聴可能な状況を作り出したのは、NHKのブランディングと地上波放送の影響力、さらに健全なDVD市場の存在だった。これらの要素が揃っていたため、日本の映像市場は非常に安定しており、韓流ブームが起こるための条件が整っていたといえる。

現実感覚とファンタジーの調和——ヨン様の涙

なぜドラマ『冬のソナタ』は、日本のドラマファンの心をこれほど強く打ったのだろうか。日本では、1980年代後半からの経済成長に伴い、華やかなトレンディドラマを数多く生み出してきた。これらのドラマは、台湾を含むアジア市場で高い評価を受け、ストーリーや技術面でも優れていた。

しかし、『冬のソナタ』には、日本のドラマにはない、韓国ドラマならではの魅力があった。それこそが、第1次韓流ブームを巻き起こした重要な要素だったのではないだろうか。

『冬のソナタ』を演出したユン・ソクホ監督と久しぶりに再会したのは、２０１８年11月のことだった。その年、私は日本の大衆文化開放20周年と韓流15周年を記念して「Drama Original Sounds Korea 2018」を企画・開催し、ユン監督をスペシャルゲストとして招いた。イベントの中で、ドラマの魅力について話を伺うことができた。

ユン監督は、韓国ドラマにおける音楽の役割について次のように語った。「韓国のドラマでは、音楽がキャラクターの心情を深く表現する重要な要素となっている。そのため、韓国のドラマ演出家たちは、音楽の活用方法を非常に重視している」という。この発言からも、音楽が韓国ドラマにおいていかに大きな役割を果たしているかがうかがえる[1]。

ＮＨＫが２００４年に発表した「世論調査からみた『冬ソナ現象』～『冬のソナタ』に関する世論調査結果から～」によると、このドラマが日本で放送されていたことを知っていた人は国民の90％に達し、実際に視聴した人は38％に上った。さらに、ドラマの魅力として挙げられたのは、ストーリー（63％）、音楽（51・４％）、俳優（50・４％）、魅力的

1　Korepo「Ｒｙｕら実力派アーティストが勢ぞろい！　スペシャルゲストでユン・ソクホ監督も登場！『Drama Original Sounds Korea 2018』開催」 https://korepo.com/archives/519776 （２０２４年11月21日閲覧）

なキャラクター（27・3％）だった[2]。これらの結果からも、ユン監督が語ったように、韓国ドラマの音楽が日本の視聴者に与えた影響の大きさが分かる。

では、63％もの支持を受けた『冬のソナタ』のストーリーには、どのような要素が含まれていたのだろうか。当時、日本のドラマファンの中心は中年女性であり、ライフスタイルに余裕のある層だった。彼女たちが日常の現実から一瞬でも解放されるような、ファンタジーの要素がドラマの中にあったのではないだろうか。『冬のソナタ』は、日常の喧騒を忘れさせる切なくも美しい物語と、登場人物の繊細な感情表現を通じ、多くの日本人女性の共感を呼んだのである。

日本は戦後、高度経済成長期を迎え、男性は「会社人間」として仕事中心の生活を送り、女性は家事と育児を担うことが一般的だった。このような生活スタイルの中で、特に中年女性たちは、家庭や経済成長の陰で多くの犠牲を払ってきたといえるだろう。さらに、1990年代のバブル崩壊後、社会全体に漂った空虚感により、女性たちの心にも虚しさが生じていたのではないか。

『冬のソナタ』は、そうした心の隙間を埋めるような作品だった。特に、ペ・ヨンジュンが演じたカン・ジュンサンというキャラクターは、女性に対する配慮や深い理解を持ち、純粋で真摯な愛を体現していた。このような人物像は、日本のドラマではあまり見られなかったもので、多くの女性たちはジュンサンを通じて、自分の存在意義や心の充足感を再発見したのではないだろうか。『冬のソナタ』は、単なるラブストーリーを超え、当時の時代が求めていた「純愛」を映し出すことで、日本の女性たちに特別な影響を与えたといえる。

このような「純愛」は、ジュンサンの涙、美しい音楽、そして幻想的なロケ地を通じて表現された。これらは日本の女性たちの心に深く訴えかけ、彼女たちが内に秘めていた郷愁や、日本のドラマではあまり感じることのなかった作品全体の感情的な連帯感への憧れを刺激したのだろう。

『冬のソナタ』は、日常の延長では得られない心の癒しと、忘れていた感情を呼び覚ます力を持つ作品だった。そのため、多くの女性たちに共感を呼び起こし、特別な存在となったのである。

2　NHK放送文化研究所「放送研究と調査」（2004年12月号）　https://www.nhk.or.jp/bunken/summary/yoron/broadcast/004.html　（2024年12月19日閲覧）

アジア市場の壁を越えて――『宮廷女官チャングムの誓い』

2003年、日本で第1次韓流ブームを引き起こした作品は『冬のソナタ』であり、中国を含むアジア全域で人気を集めた。一方、アジア圏を超えて広く評価された韓国ドラマとして挙げられるのが『宮廷女官チャングムの誓い』である。この作品は宮廷料理を題材とし、2003~2004年に韓国で放送された。韓国の時代劇に新しい地平を切り開いたといわれる。主人公チャングムが宮廷で奮闘しながら、韓国史上初の御医女（宮廷医）となるまでの姿を、卓越した映像美と感動的なヒューマニズムで描いているドラマである。日本ではNHKで初めて放映された韓国時代劇として注目を集め、中国でも2005年に再び韓国ドラマブームを巻き起こした。このドラマは日本、中国、トルコを含む91か国に輸出され、世界中で高い評価を受けた。

特に注目すべきは、この作品がアジアを超えて中東にまで進出し、韓国ドラマの底力を示した点である。2006年10月からイラン国営テレビIRIBで『王宮の宝石（A Jewel in the Palace)』というタイトルで放映された本作は、イラン全体で86%、首都テヘランでは90%以上という驚異的な視聴率を記録した[3]。

現地の視聴者たちは、主人公の波乱万丈の人生がシーア派ムスリムの精神性と共鳴するものであり、逆境に屈せず困難を乗り越える不屈の意志に深い感銘を受けたと述べている。また、主人公を演じたイ・ヨンエがイランを訪問した際には、シーア派聖職者の会議でドラマへの懸念が表明されたと韓国メディアが報じており、このことから作品の影響力がいかに大きかったかがうかがえる[4]。さらに、この人気を受け、『海神－ＨＥＳＨＩＮ－』や『商道－サンドー－』、『朱蒙』など、他の韓国の時代劇ドラマが次々と中東で放映され、韓国ドラマの存在感が一層高まった。

このように、『宮廷女官チャングムの誓い』は、アジア市場を超えて中東にまで進出し、韓国ドラマの国際的な可能性を切り開いた先駆的な作品といえる。その成功の理由の一つは、男性中心の宮中権力闘争という定型的なテーマから脱し、挑戦精神と好奇心を持って専門職に就いた女性を主人公に据えた点である。「韓国ドラマ＝女性の躍進」というメッ

3　駐韓国イランイスラム共和国大使館公式ブログ https://blog.naver.com/irembassy/221542820883（２０２４年12月19日閲覧）

4　Pd Journal「イラン、ムスリムはなぜチャングムに熱狂するのか?」https://www.pdjournal.com/news/articleView.html?idxno=12246（２０２４年12月19日閲覧）

セージを強く打ち出した意義は非常に大きい。

さらに、韓国の伝統料理や食材に込められた意味を丁寧に描写し、世界中の視聴者を韓国の食文化の奥深さに感嘆させた点も重要だ。ドラマを通じて、食べ物や衣服、韓国語といった韓国の伝統文化が紹介され、国家イメージの向上にも大きく貢献したといえる。

この成功は、韓国ドラマの海外展開が単なる産業的側面を超え、文化的影響力を持つことを証明した。また、歴史ドラマが「文化的割引（異文化的な疎外感を引き起こすこと）」という課題を克服し、普遍的な感情に訴えかけることが可能であることを示した重要な事例でもある。

ちょうど『宮廷女官チャングムの誓い』がNHKで放映されていた頃、新大久保のコリアタウンにあった「大長今」というお店を思い出す。韓国の伝統家屋風のインテリア、ドラマのワンシーンを彷彿とさせる壁飾り、そして至る所に飾られたチャングムの写真が印象的で、まるでドラマのセットに迷い込んだような雰囲気だった。そこに集まる中年女性たちは、ドラマに登場した料理を堪能しながら、まるで自分たちもドラマの一部になったかのように心から楽しんでいた。

また、済州島にはドラマのセットが建てられ、『冬のソナタ』で有名になった南怡島に負けず劣らず、『宮廷女官チャングムの誓い』の世界観を体験しようとする観光客が急増したと伝えられている。この現象は、ドラマが観光産業にも大きな影響を与えたことを物語っている。

元祖韓流ファンにとって韓国ドラマとは

２０１６年、複数の研究者と共同で韓流に関する調査を実施し、その成果として翌年７月に日本と韓国で『２０１６日本国内の韓流ファンに対する消費者調査研究』を発行した。この調査は、２０１６年に開催された３つのイベントの参加者を対象に行ったアンケート結果を分析したものである[5]。

その中でも、「Drama Original Sounds Korea 2016」イベントの参加者を対象とした調査では、回答者５２３名のうち、無回答40名を除くと90・１％（４３５名）が女性であった。

5　「Drama Original Sounds Korea 2016」（2016.6.12 開催）、「K-POP コンテスト 2016 日本全国大会（2016 K-POP World Festival in TOKYO）（2016.7.15 開催）、「K-POP COVER DANCE FES DREAM ON!VOL.14」（2016.8.27 開催）

年齢別では、無回答24名を除くと40代以上が80・６％（４０２名）を占めていた。韓流ファンになった時期や初めて接した韓流コンテンツについての自由回答では、ドラマ『冬のソナタ』が圧倒的支持を集め、95件の回答で１位となった。２位は映画『シュリ』で20件の回答を得ており、３位から10位はすべてドラマで、『イヴのすべて』、『美男ですね』、『私の名前はキム・サムスン』、『宮廷女官チャングムの誓い』、『秋の童話』、『美しき日々』、『パリの恋人』、『天国の階段』の順であった。この結果から、第１次韓流ブームを牽引した中年女性層が、その後10年を経てもなお支持を維持していることが明らかになった[6]。

　日本における韓流ファンの原点といえば、やはり『冬のソナタ』をきっかけに誕生した韓国ドラマファンであろう。「ヨン様」「ジウ姫」「ビョン様」などの愛称や、「韓流四天王」といった呼び名が象徴するように、当時の韓流ブームは多くの新しい言葉を生み出し、社会現象にまで発展した。確かに、メディアがその熱狂を助長した側面は否定できないが、当時の猛烈な韓流ファンの存在は、現在の10代・20代を中心とするＫ－ＰＯＰファンに引けを取らない熱量で韓流を支え続けてきた。

　２０１３年秋頃から４年以上にわたり、読売・日本テレビ文化センターで韓国語講師として勤めた際に出会った生徒たちは、ほとんどが40代から60代の女性だった。その年齢で外国語である韓国語を学びたいという思いから、気軽に文化センターを訪ねた姿勢には、教える側として感心せざるを得なかった。韓国語を学ぶきっかけは、やはり韓国ドラマであったが、彼女たちにとって韓国ドラマは、単なる「好きな作品」の域を超えた、特別な存在となっていた。

40代・50代の生徒たちは、子育てが一段落し、家庭内で発言力を持ち、自由に行動できるようになった環境の中で、韓国ドラマを通じて新たなコミュニティを形成していた。「ママ友」としてのつながりから一歩踏み出し、韓国ドラマをきっかけに昼間のお茶会で一緒にドラマを観たり、コリアタウンでランチをしたり、韓国語や韓国伝統舞踊を習ったりするなど、共通の話題が「子供の成長」から「ドラマの世界」へと移り変わっていた。

一方、60代以上の生徒たちは40代・50代とは異なる背景を持っていた。戦後の苦しい生活を経験し、若い頃に満喫できなかった青春を取り戻したいという強い願望を抱えていた

6　調査で特に注目されたのは、韓流コンテンツの選択基準についてである。10～30代ではストーリーやジャンルなどのコンテンツ内容を重視する傾向があり（18・0％）、好きな監督の作品など制作スタッフに注目する傾向（18・4％）も見られた。一方、50代では制作スタッフ（好きな監督の作品）を基準にコンテンツを選ぶという回答が最も多く、46・7％に達した。

のである。現実的には若い頃に戻ることはできないものの、韓国ドラマの主人公たちの恋愛、片思い、学校生活、部活動などに自分を重ねることで、再び青春を味わい、人生の生きがいを見出していた。授業の休み時間には、ドラマの台詞や名シーンについて質問されたり、好きな俳優に宛てた手紙を見せてもらったり、ファンミーティングのためのドレスコードについて相談を受けたりしたことも印象的だった。

彼女たちにとって韓国ドラマは、ただの「好きな作品」ではなく、目を輝かせ、胸を高鳴らせ、何かに夢中になっている自分を愛するきっかけでもあった。まさに、韓国ドラマは彼女たちにとって「再び青春」を感じさせ、そして「人生の生きがいの源」といえる存在だったのである。

コラム 『冬のソナタ』制作会社、PANエンターテインメント

韓国の首都ソウル特別市の北西部には、デジタルメディアやエンターテインメント産業に関連する企業、テレビ局、新聞社など、さまざまなメディアグループが集まる最先端の

図 2-1　PAN エンターテインメントの社屋（著者撮影）

情報メディア団地が存在する。このエリアは「デジタルメディアシティ」(Digital Media City、以下DMC)と呼ばれ、韓国のコンテンツやメディアの生産・発信拠点として、放送、通信、文化、コンテンツ、テクノロジー分野の企業や団体が集積している。

DMC内には、ドラマや音楽制作会社、それに関連する業界団体、さらには国際文化交流を促進する政府機関などが入居するビルが多数存在する。その一つが、2012年にドラマ制作会社「PANエンターテインメント」(以下PAN)が建てた社屋である。この建物は、まるで韓国ドラマの発祥地を思わせる雰囲気を漂わせており、ロビーには、PANが手掛けたドラマのポスターが壁一面に飾られ、訪れる人々を迎えている。また、コーナーに設けられたコーヒーショップでは、コンテンツ業界の関係者が打ち合わせをする光景が日常的に見られ、活気に満ちている。

PANは、早くからIP(知的財産)の重要性に注目していたドラマ制作会社である。韓流を巻き起こした火付け役だったドラマ『冬のソナタ』では、韓国国内では放送局、海外では制作会社が権利を保有する形が採用された。その結果、制作費30億ウォンの約13倍にあたる382億ウォンの収益を上げ、そのうち約290億ウォンが海外市場からの収益だった。当時はIPの概念がまだ浸透しておらず、制作会社がドラマの権利を確保することは非常に困難な時代だった。

PANの副社長であるキム・ヒヨル氏は、『冬のソナタ』のIP保有を巡る当時の放送局との議論について次のように語っていた。「弊社にとって『冬ソナ』は初めてのドラマで、もともとが音盤会社でしたから納得がいかず、制作会社が作品の価値を決めるという論理でアプローチしました。しかし、議論は平行線。放映日ぎりぎりまで議論して、IPをくれないなら放送しなくていいと啖呵を切りました（笑）。結局、国内の権限はテレビ局、海外は制作会社が持つという契約で収まりました[7]」

2002年当時、制作会社がIPを要求し、獲得することができた背景には、1998年に音盤会社としてスタートしたというPANの異色の経歴が大きく影響していた。音楽著作権の重要性を熟知していたPANは、『冬のソナタ』の制作段階から、テレビ局に対してIPの保有を主張したのである。

PANは設立から26年間で60本以上のドラマを制作してきたが、そのうちIPを保有す

7 東洋経済「テレビ局と制作会社『地位逆転』が韓国で起きた訳」 https://toyokeizai.net/articles/-/661823?page=2（2024年12月12日閲覧）

る作品は全体の10％程度にとどまっている。その理由として、ドラマ制作会社は制作本数が売上高を大きく左右するため、できる限り多くの作品を供給する必要がある点が挙げられる[8]。特に、テレビ局の編成を受ける立場では、ＩＰの確保といった要求は現実的に難しいものであった。

しかし、ＣＯＶＩＤ－19がもたらした変化によって状況は一変する。ＯＴＴプラットフォームの台頭が加速し、制作会社がテレビ局を介さずにドラマを供給できる機会が増加した。同時に、テレビ離れが進み、テレビ局の経営が悪化したことも影響を及ぼした。制作費の負担が増加する中、テレビ局はＩＰを確保する比重を減らし、ドラマを安価に購入する方式を選ぶようになった。その結果、ＩＰの権利が制作会社に渡るケースが増えたのである。

さらに、制作会社はＯＴＴプラットフォームと協力して総制作費の大部分を消化した後、国内の放送局のチャンネルを供給先として選ぶ流れも増加した。このように、ドラマ業界の構造変化はＰＡＮをはじめとする制作会社にとって新たな可能性をもたらした。

ＰＡＮの会社ホームページを開くと、まず目に飛び込んでくるのは印象的なフレーズである。「韓流の始まりであり、グローバル市場とコミュニケーションする」、「韓流という言葉を持ってグローバル化の先頭に立っているグローバルメディアコンテンツグループ」[9]。

これらの表現は、ＰＡＮが韓国ドラマの世界的な影響力を築いた立役者であり、今後もそのエンターテインメントのグローバル展開をリードし続けるという強い意志を示している。

ＰＡＮはコンテンツビジネスの展開において、ＩＰの重要性を自ら示し、韓国ドラマ業界に新たな道を切り開いてきた。その功績は単なる制作会社の枠を超え、韓国文化を世界に伝える「韓流」の胎動に欠かせない存在として輝いている。ＰＡＮの取り組みは、韓国ドラマが国際的な市場で成長するための礎となり、グローバルなエンターテインメント文化の一端を担ってきた。

２０２３年12月、韓国ドラマ制作社協会の副会長も務めているＰＡＮの副社長キム氏は、アジアのドラマ制作会社や脚本家が集まる「第16回アジアテレビドラマカンファレンスin 能登」で、こう述べた[10]。

8　the bell「ＰＡＮエンター、ドラマ制作会社→ＩＰビジネス会社への跳躍〝自信〟」 https://www.thebell.co.kr/free/content/ArticleView.asp?key=202212221716254480109686（２０２５年２月24日閲覧）
9　ＰＡＮエンターテインメントＨＰ　https://www.thepan.co.kr/about/about.php（２０２４年12月12日閲覧）
10　アジアテレビドラマカンファレンス　https://www.atdc2023.org/（２０２４年12月12日閲覧）

〝今年のカンファレンスのテーマは『アジアコンテンツの未来』です。急変するメディア環境の中で、80億人の世界人口の半分以上を占めるアジアの人々と、その中で孤軍奮闘するアジアドラマのクリエイターたちが、今や全世界をリードし、メディア産業のリーダーとして進むべき道を考える必要があります。このカンファレンスが、その課題を議論し、未来の方法を模索する大切な場となることを期待しています。各国が直面している新しい環境への悩みを共有し、真実の対話を通じて、互いにライバルではなくメンターとなれるような意義深い場にしたいと考えています〟

彼の発言は、急速に変化するメディア環境において、アジアのコンテンツ産業が進むべき方向を示唆している重要なメッセージであった。これからはアジア全体のクリエイターたちが協力し、共に成長することを呼びかけるものであり、地域を超えたグローバルな成功を目指す。アジアコンテンツの未来を切り開くため、ドラマ業界全体が発展するため、新たな道筋が模索されることが期待される。

第3章 テレビ局とドラマ制作会社の住み分け

高騰する制作費の助け舟は海外にある

韓流ブームを巻き起こしたドラマ『冬のソナタ』は、ドラマファンのみならず、テレビ局や制作会社の注目も集めた。この作品をきっかけに、韓国のドラマ制作会社業界では「どのようにドラマ制作を通じて利益を生み出すか」、「どのようなビジネスモデルを構築するか」といった議論が活発化した。その成功事例として示されたのが、まさに『冬のソナタ』であった。

当時の韓国では、ドラマ制作会社がテレビ局から制作費を受け取り、作品を制作・納品する一方で、知的財産（ＩＰ）はすべてテレビ局に譲渡されるという慣行が一般的であった。この仕組みのもと、制作会社は完全に下請けの立場に置かれ、さらに視聴率の低迷による広告収入の減少により、制作費も全額は支払われず、実際には総額の60～70％程度しか受け取れなかった。このような制約の中で、制作会社は限られた資金を工夫してやり繰りし、何とか利益を生み出さなければならなかった。

しかし、表３－１に示された時期別のドラマ制作環境の変化を見ると、２００２年以降、制作会社がテレビ局に譲渡していた権利を協議を通じて調整する動きが生まれた。また、

表 3-1　時期別ドラマ制作環境の変化

区分		1期 (1990年まで)	2期 (1991〜2001年)	3期 (2002年以降)
制作主体		テレビ局、 俳優	テレビ局、 制作会社、 俳優	テレビ局、 制作会社、 マネジメント会社
相互関係		テレビ局主導	テレビ局主導	テレビ局、制作会社、 マネジメント会社 相互協力
主な役割	テレビ局	制作+放送	制作+放送	放送
	制作会社	なし	制作	制作+投資
	マネジメント	演技	演技	演技 (投資も一部参加)
主な源泉収益		広告費	広告費+制作支援	広告費+ 知的財産権収益 +その他
主な収益	テレビ局	広告費	広告費+海外販売収益	広告費+ 販売権利収益 (協議に従って調整)
	制作会社	なし	制作納品+ 付加収益 (制作支援等)	制作収益+ 付加収益 (ドラマOST発売収益) + 販売権利の収益 (協議により調整)
	マネジメント	出演料	出演料	出演料+肖像権の収益等

出典：キム・フン『TVドラマ産業の収益構造と懸案』(2011、ハヌル)

広告収益にとどまらず、知的財産を活用した収益が計上されるようになり、ドラマの収益モデルはさらに多様化した。その変革を促進した立役者こそ、ドラマ『冬のソナタ』であった。

ドラマ『冬のソナタ』を制作した「ＰＡＮエンターテインメント」は、もともと音楽制作会社として活動しており、ドラマのオリジナル・サウンドトラック（ＯＳＴ）の制作を手掛けていた。音楽業界では、制作側がすべての権限を保有し、国内外を問わず多様なビジネスを展開することが一般的であった。このような事業経験を活かして、ＰＡＮエンターテインメントはついにドラマ制作の分野に参入し、初めて手掛けた作品が『冬のソナタ』であった。

しかし、ＰＡＮエンターテインメントは海外の放映権を保有していたものの、日本との直接的なビジネス関係がなかったため、『冬のソナタ』はＫＢＳ（韓国の公共放送局）を通じてＮＨＫに提案され、日本での放映が実現した。同作品は総制作費30億ウォンに対し、海外市場での売上が２９０億ウォンに達した。放映権やＶＯＤ、出版、商品化（ＭＤ）だけでなく、公演、肖像権、音源、アニメーションなど、幅広いライセンシング契約にも展開した[1]。

日本や韓国では、受信料を徴収しないテレビ局は広告収入に大きく依存しており、広告収入は制作費と直結している。特に地上波テレビ局は、全国放送という強みを活かし、視聴可能な世帯数や視聴率に応じて広告単価が変動する仕組みとなっている。

一方、韓国の制作会社は『冬のソナタ』を契機に、制作費の約10倍の収益が期待できる「海外市場の規模」と、幅広いジャンルで収益を生む「知的財産の可能性」に気づいた。ただし、その前提には「良い作品」を作ることが不可欠であった。

視聴率の低下やテレビ局の制作費削減が進む中、韓国のドラマ制作会社は妥協せず、海外市場を見据えた高品質な作品作りに注力した。トップクラスの脚本家や監督、海外で人気のスター俳優を起用し、最新の撮影機材や編集技術を導入。また、海外メディアやプラットフォーム、コンテンツビジネス企業と連携し、企画段階から海外のニーズを取り入れる試みを本格化させた。このようにして、韓国ドラマは海外市場を見据えたビジネスモデルの基盤を築き始めたのである。

1　韓国ドラマ制作社協会主催、２０２１放送映像コンテンツ産業セミナー「ＯＴＴ時代、ドラマ制作社の悩みと挑戦：ＯＴＴ市場の展望と制作社の役割」（2021.6.8）の発表内容を参考。

ジャパンマネーが与えた「チャンス」と「チャレンジ」

韓国コンテンツに関する取材でよく聞かれるのが、「いつから韓国コンテンツが海外市場を意識し始めたのか」という質問である。グローバル展開の観点では、1990年代から始まったといえるが、この時期は制作済みの作品をテレビ局が海外のテレビ局に販売する形が主流だった。しかし、この質問の意図は、ストーリーの企画段階から海外市場をどのようにビジネスに組み込んだのか、という点にあるのではないかと考えている。その意味では、『冬のソナタ』の海外放映後からと考えるべきだろう。海外権利を保有していた制作会社「PANエンターテインメント」のビジネスモデルは、韓国コンテンツ産業全体の方向性や制作プロセスに大きな変革をもたらしたと言っても過言ではない。

まず、韓国での放映後、海外の仲介業者を通して行われていたビジネスから、海外メディア、プラットフォーム、DVDメーカーなどと直接契約を結ぶ形に移行したことが、大きな変化の一つである。もちろん、リスクヘッジのために仲介業者をあえて利用し、契約の安全性を確保する目的で仲介手数料を支払うケースもある。この手数料は、いわば保険のような役割を果たしている。

しかし、ビジネスのスピードを重視し、目先の契約よりも持続可能で多様なビジネス展開を目指すため、制作会社は日本語が可能なスタッフを採用するなど、積極的なアプローチを行うようになった。韓国政府も海外市場への進出を支援するため、海外拠点を設置し、海外バイヤーとのネットワーキングを強化する取り組みを始めた。韓国政府の韓国コンテンツ振興院（ＫＯＣＣＡ）は、２００１年10月に日本事務所（現、日本ビジネスセンター）を開設し、放送やゲームを中心とした韓国コンテンツ事業者の日本市場でのビジネスマッチングや、通訳・翻訳のサポートを提供した。私も２０１８年から約３年間、日本ビジネスセンターのセンター長を務め、こうした取り組みに深く関わった。

次に、権利の売り方における変化について取り上げたい。２０１５年「大韓民国コンテンツ大賞」を受賞し、日本で韓国ドラマのビジネスを展開する「株式会社アクロス」のパク・テギュ代表取締役社長によれば、韓国の放送コンテンツにおける「オールライツ（All Rights）」の販売方式が日本市場での流通拡大に大きく貢献したという[2]。「オールライツ」とは、テレビ放映、ビデオグラム（ＤＶＤ）、ＶＯＤサービスなどの権利をひとまとめに

2　韓国コンテンツ振興院『２０１６日本国内の韓流ファンに対する消費者調査研究』（２０１７）

して、パッケージとして販売する方法を指す。この方式により、テレビ局（ローカル局を含む）向けの放映権、配信サービス権、パッケージ製造によるレンタルやセルなど、事前に権利処理を完了した状態で一括販売することが可能になった。その結果、多くの人々が韓国ドラマに触れる機会が広がり、韓国ドラマを増やすことにつながった。

このように、オールライツの販売形式に加え、韓国の制作側は権利の細分化を進めている。ドラマビジネスは「ライツビジネス」ともいえ、多様な形で権利を活用することで収益を拡大している。図３－１に示されたように、従来は放送、配信、ＤＶＤ、フォーマット、商品化を中心としていた権利が、海外販売、間接広告（ＰＰＬ）、挿入曲（ＯＳＴ）、他ジャンルへの展開（３６０度ビジネス）などに細分化される。これにより、国内外でのビジネス展開が大幅に拡大している。

ドラマのビジネス展開に伴い、ジャンルにも変化がもたらされた。当時、コンテンツ市場規模がアメリカに次いで第2位だった日本市場で、『冬のソナタ』のような成功を収めるには、どのようなドラマが人気を集めるかが課題となった。一部の関係者は「韓流スターが出演し、有名な監督や人気作家が手掛ける作品」と語ったが、エンターテインメント

図３−１　ドラマビジネス権利の細分化（筆者作成）

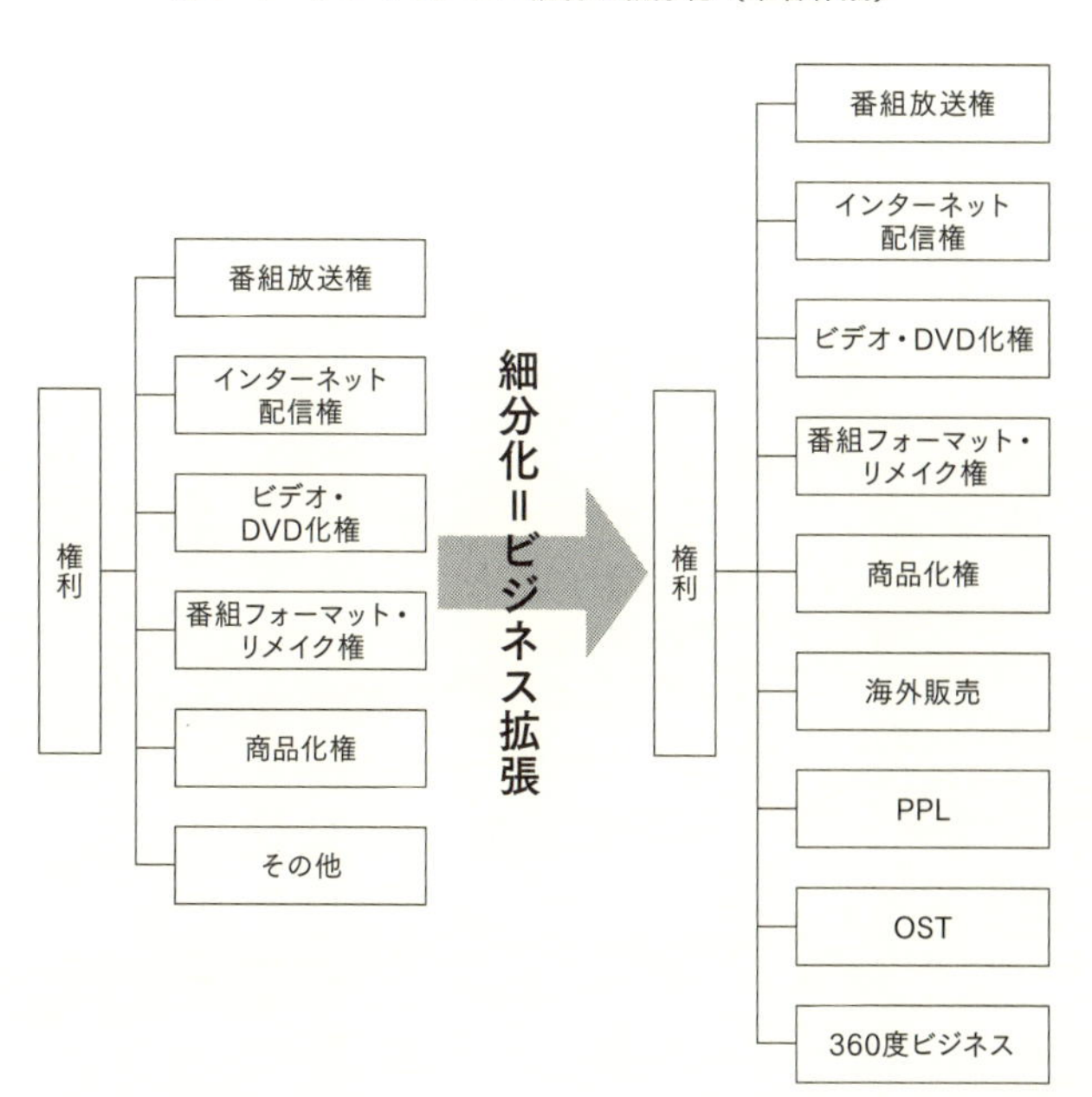

産業において、それだけで成功が保証されるわけではない。

成功へのチャレンジは「ジャンル」にあった。そのヒントは、やはり『冬のソナタ』に見出せる。2003年にNHK BS2で初放送・再放送され、翌2004年にはNHK総合で地上波放送され、最終回は20%を超える高視聴率を記録した。この成功を受け、NHKは『冬のソナタ』に続き、『美しき日々』や『オールイン 運命の愛』といった純愛を描いた「韓国型メロドラマ」を次々に放送した。韓国で高視聴率を誇ったこれらの作品は日本でも人気を博したが、似た設定や展開に飽きたという視聴者の声も上がった。

次に注目されたのは「ロマンティック・コメディ」だった。このジャンルに集中した結果、『フルハウス』、『私の名前はキム・サムスン』、『宮〜Love in Palace』といった作品が人気を集めた。これらの作品を通じて、ソン・ヘギョ、ヒョンビン、チュ・ジフンといった俳優が韓流スターとしての地位を確立した。

一方、中年女性を中心とした韓国ドラマのファン層を、老若男女を問わない幅広い世代に広げることも課題だった。この試みの一環として、NHKは『冬のソナタ』と並行して韓国時代劇の放送を開始した。『宮廷女官チャングムの誓い』は2004年にNHK BS2で放送され、翌年から1年間NHK総合で地上波放送した。この他、『チェオクの剣』、『フアン・ジニ』、『太王四神記』など、韓国の歴史や伝統文化を華麗に描いた作品が注目を集めた。

さらに挑戦状を突きつけたのが「ジャンルもの」だった。日本で刑事ドラマや医療ドラマといった特化型ジャンルが人気であることに着目し、復讐劇やアクション要素を取り入れた『復活』や『魔王』といった作品が制作され始めた。その代表作が『ＩＲＩＳ－アイリス－』である。この作品はＴＢＳの水曜ゴールデンタイム「水曜劇場」で放送され、韓国ドラマとして初めて日本の地上波ゴールデンタイムに編成されるという快挙を成し遂げた。ジャンルの多様化と新たな挑戦を目指す努力は、現在に至るまで続いている。

ＰＰＬという収益モデルの登場

２０２２年から城西国際大学メディア学部で「韓流エンタテインメント実践」という科目を開講し、担当している。この授業では、主にドラマ、Ｋ－ＰＯＰ、映画、ウェブトゥーン、ｅスポーツなどのコンテンツジャンルごとに、ビジネスモデル、市場規模、特徴、トレンドなどを学ぶ。学生は自身が選んだジャンルやテーマについてグループワークを行い、その成果を発表する。また、日本と韓国の比較やグローバル展開における重要な要素、今後のコンテンツ動向についても議論を深めていく。

毎年、学生たちは韓国ドラマの特徴として、途中にCMがないこと、1話当たりが長くエピソード数が多いこと、そして固定観念にとらわれない自由な発想を挙げる[3]。また、ドラマの中で製品のロゴが画面に登場したり、宣伝的なセリフが頻繁に使われたり、同じカフェやレストランでのシーンが繰り返されるなど、少し違和感を覚えるシーンも印象的だと指摘している。

韓国ドラマの収益構造に欠かせない要素がＰＰＬである。ＰＰＬとは「Product Placement」の略で、「間接広告」とも呼ばれる。映画やドラマの中で、役者が使う小道具として実在の商品や商標を登場させる広告手法であり、作品内に商品を自然に組み込んで視聴者にアピールできる。ＣＭよりも視聴者の購買意欲を高めやすいとされているが、過剰な宣伝が作品のストーリー展開を妨げ、現実味を欠いた場面になることがあるため、視聴者が離れる原因になることもある。

ＰＰＬは、映画業界ではすでに定着した広告手法の一つである。その始まりは、1945年に公開されたアメリカ映画『ミルドレッド・ピアース（Mildred Pierce）』に登場した「バーボン・ウイスキー」とされている。また、PPLが本格的に活用され始めたのはそれから約40年後の1982年で、スティーヴン・スピルバーグ監督の映画『E.T.』に登場したハーシーズ社のチョコレート「Reese's Pieces」が売上を66%も伸ばし、PPLの重要性が広く認識されるきっかけとなった。

では、韓国ではいつからPPLという手法が活用され始めたのか。韓国でもPPLの歴史は映画から始まり、1992年に公開された映画『結婚物語』がその例である。劇中に登場するすべての電子製品がサムスン製であり、観客は作品とともに自然と製品に目が慣れる。

比較的早くから自由にPPLが取り入れられていた映画とは異なり、韓国のテレビ番組内でのPPLは、2009年7月の放送法改正により直接的なブランド露出が法的に許可されたことから始まる。その後、2010年1月に施行された改正放送法では、PPLに

3　中間広告（中CM）は2021年7月1日付で地上波放送にも全面的に許可された。ただし、受信料のみで運営されるKBS第1テレビや教育放送、政府の財源で運営される国民・国会放送、地方放送は対象外となる。中間広告は、KBS第2テレビ（ドキュメンタリーを除く）、MBC（教養番組を除く）、および地上波民間商業放送のSBSなどで実施されることになった。

関する具体的な規制が明確化されている。これによると、ＰＰＬで露出される商標やロゴなどの商品がわかる表示時間は放送番組の時間の５％を超えてはならず、間接広告で露出される商標やロゴなどの表示サイズは画面の４分の１を超えてはならないと定められている。

実際、韓国放送広告振興公社の「２０１８年消費者形態調査報告書」によると、ＰＰＬによって「製品やブランドを知るきっかけになる」と答えた人は調査対象の44％に上り、「ブランドの魅力に影響を与える」と答えた人は36％、さらに21％が「製品やブランドを買いたいと感じる」と回答した。このように、ドラマや映像をきっかけに韓国の文化や製品に親しみを感じることは、ＰＰＬの広告効果にとどまらず、貿易に直結し、韓国の輸出売上にも大きな影響を与えている[4]。

しかし、ＰＰＬは効果的である一方、過度に使用すると逆効果となることがある。韓国ドラマの収益構造のうちＰＰＬとＯＳＴ（オリジナル・サウンドトラック）が占める割合は10〜20％に上るが、ストーリーの流れを乱すような過剰なＰＰＬは視聴者の没入感を損ない、作品の質を低下させる恐れがある。製品だけを強調しすぎたＰＰＬは、視聴者の不満を招く可能性が高い。

韓国の放送通信審議委員会の審議を受けるほど、露骨にＰＰＬを取り入れたドラマは数多く存在するが、賢くＰＰＬを活用した作品も多くある。例えば、ドラマ『恋愛体質〜30歳になれば大丈夫』は、30代の恋愛と友情を赤裸々に描いたリアル・ラブコメディで、３人の女性主人公が抱える悩みをリアルに描写し、高い評価を得た作品である。主人公のハンジュはドラマ制作会社に勤めているため、劇中ではドラマ制作過程が詳細に紹介される。ＰＰＬが多く登場するものの、ドラマ制作のシーンで自然に取り入れられているため、視聴者は違和感なく楽しむことができる。特に、ハンジュがＰＰＬの営業に失敗したり成功したりといったドタバタ劇を引き立てる演出としても効果的で、印象的だった。

また、ドラマ『恋のスケッチ〜応答せよ１９８８〜』では、ミルキスというドリンクが目立っている。この飲み物は日本でいうカルピスソーダに近い味で、ミルクと炭酸が混じったものであり、当時のＣＭのキャッチコピーが流行語になるほど話題になった。そのため、ドラマの登場人物が真似をしたり、シーンの所々に頻繁に登場しても、視聴者は懐か

４　韓国放送広告振興公社「２０１８年消費者形態調査報告書」 https://adstat.kobaco.co.kr/mcr/portal/dataSet/fileInfoPage.do?datasetId=DS_MST_0000000361（２０２４年11月11日閲覧）

しく感じ、当時の記憶を呼び起こすことができた。重要なのは、ＰＰＬをどのように作品のストーリーや設定に自然に取り込むかであり、ＰＰＬ自体が必ずしも問題になるわけではない。

ＰＰＬは、ある作品ではストーリーの展開に効果的に溶け込むが、別の作品では唐突に登場し、視聴者を離れさせてしまうこともある。一方で、制作費を賄うために積極的に取り入れられるＰＰＬは、新たな職業も生み出している。それが「マーケティングプロデューサー」である。マーケティングプロデューサーは、より質の高いコンテンツ制作に安定的な資金を求める「ドラマ制作者」と、自然かつ繊細な手法で製品のブランドを広めたい「広告主」の間に立ち、効果的なマーケティング手法を模索する。彼らはコンテンツ制作者と広告主の両方の視点を理解し、ドラマの意図やキャラクターの設定に沿ったＰＰＬ提案を行い、作品の展開に合わせた適切なブランドマッチングを実現する。

質の良いコンテンツを作るためには十分な制作費が必要であり、作品の規模が大きくなり、高クオリティのドラマ制作を目指すほど、ＰＰＬは不可欠な要素となる。韓国ドラマにおいてＰＰＬは制作上の「必要悪」ともいえる。しかし、韓国ドラマのグローバル展開と成功が続くことで、ＰＰＬ市場も韓流コンテンツの影響力と共に持続的に発展し、コンテンツと共に成長することが期待される。

ドラマが生み出す地域経済──痕跡マーケティングと制作支援

２００９年10月、有料多チャンネル放送のスカパーＪＳＡＴでは、「ペ・ヨンジュン祭り」と題し、日本で絶大な支持を誇る俳優ペ・ヨンジュンを特集する特別ラインアップを放送した。日本での韓流ブームの火付け役となったドラマ『冬のソナタ』の放送から約7年後にあたる２００９年、アニメーション版『冬のソナタ』のＴＶ初公開に合わせて、この特集が企画された。各チャンネルで彼が出演した過去のドラマや映画が放送されただけでなく、来日イベントの模様やインタビューも取り上げられ、韓流コンテンツに興味を持つ新規加入者を獲得することを目的としていた。

当時、私が編成や制作を担当していたスカパー！チャンネル「アジアドラマチックＴＶ」では、新規加入者の獲得を目的に、オリジナル制作の番組を2本提供した。一つは『～アジドラ スペシャル～韓国ドラマ「太王四神記」VS宝塚「太王四神記」』、もう一つは『韓国ドラマの旅〝済州島〟～ペ・ヨンジュンの足跡を訪ねて』である。後者では、ペ・ヨンジュンが出演したドラマ『太王四神記』のロケ地である済州島を徹底取材し、済州島庁の協力を得て制作した。この番組では『太王四神記』や『宮廷女官チャングムの誓い』などの撮影地を巡るだけでなく、撮影中に俳優たちが訪れたレストランのメニューや地元のグルメも紹介。視聴者からは「ペ・ヨンジュンに会えた気がする」といった反響が寄せられるなど、好評を博した。

このように話題になったのは、もちろん「ヨン様」人気の影響もあるかもしれないが、韓国ドラマの見どころの一つであるロケーションの影響も大きい。近年の韓国ドラマを好む若者たちにとって、出演者のファッション、劇中に登場するグルメ、そしてロケ地として描かれる美しい風景は大きな関心を集めている。韓流旋風の火付け役ともなったドラマ『冬のソナタ』のロケ地、南怡島（ナミソム）は、四季を通じて多くの観光客で賑わうスポットである。特にメタセコイアやイチョウの並木道は、ドラマのファンの心を捉えた。2001年には観光客が約30万人だった南怡島は、日中台や東南アジアからの外国人観光客が増加したことで、2004年以降、年間平均160万人に達する国際的な観光地へと成長した。

韓国では、一本のドラマが地域経済に大きな影響を及ぼすことが実感されており、ドラマのロケ地を観光体験や地域活性化に結びつけるため、制作会社と自治体の連携が活発化している。一方、日本では、漫画やアニメの熱心なファン心理から生まれた「聖地巡礼」という文化が浸透している。それに対し、韓国ではドラマのロケ地が「映像観光」や「ポストモダンな観光体験」という新たな観光分野として注目を集めている。

ドラマ制作におけるロケ地の決定は、脚本家や演出家、プロデューサーが担うことが一般的であるが、実はそのための専門スタッフも存在する。韓国ドラマが世界的に注目されるようになったことで脚光を浴びている職業の一つが「ロケーションマネージャー」。2010年代半ばまでは、ロケーションマネージャーとして働く人材はわずか50人程度だったといわれている。彼らは単に撮影場所を探すだけでなく、俳優の演技を引き立たせ、物語の「想像上の空間」を理解し、「想像を現実化」する重要な役割を担っている。また、ドラマの意図やキャラクター設定に基づいてPPL提案を行い、作品に合ったブランドマッチングを実現するマーケティングプロデューサーと連携しながら、クリエイターの想像を具体的に視覚化するのも彼らの仕事である。ロケーションマネージャーは、クリエイターの意図を最も正確に把握し、空間を通じて「場の感性」を視聴者に伝える架け橋となっている。

２０２３年から、私は、「海外メディア研修」の一環として学生たちを韓国の釜山に連れて行く取り組みを毎年行っている。釜山では現地の東西大学の学生たちとグループを組み、さまざまなテーマに基づいてフィールドワークを実施している。出発前には事前学習として釜山の概要やエンターテインメントを通じた韓国文化、簡単な韓国語の自己紹介などを指導している。

「釜山では毎日が映画！」という表現があるように、この都市では常に映画やドラマ、CMなどの映像撮影が行われている。２０２２年8月時点で、釜山で撮影された映像作品は累計１６９５本に上り、２０１８年には年間のべ９０２日、２０１７年には８３０日、２０１４〜２０１６年および２０２１年には７００日以上、複数の作品が撮影された。１年３６５日のうち、必ずどこかで撮影が行われているのが釜山の特徴である。

釜山がロケ地として注目される理由の一つとして、韓国屈指の映画インフラを備えた都市としての国策が背景にある。その中心的な役割を果たしているのが、１９９９年12月に設立された「釜山映像委員会」（Busan Film Commission、以下ＢＦＣ）である。ＢＦＣは、ロケーション支援、企画・制作支援、プロダクション支援、編集作業支援など、映像制作における包括的なサポートを提供している。また、釜山映画撮影スタジオやデジタルベイ、編集施設、釜山サウンドステーション、映像産業センター、釜山アジア映画学校といった充実した施設インフラも整っている。このような体制により、釜山では撮影から編集までを一貫して行える環境が整備されており、ロケ地が一か所に集中することで予算や撮影スケジュールの効率化も実現している。

さらに、ロケーション関連の行政手続きや許可の取得も、BFCが地元行政機関と協力し、体系的なプロセスを通じてスムーズに進められている。釜山で撮影された代表的なドラマには『財閥家の末息子～Reborn Rich』、『私の夫と結婚して』、『ドクタースランプ』などがあり、数え切れないほど多岐にわたる。

セリフの代わりにOST——ドラマ人気の立役者

2024年7月からテレビ朝日で放送されたドラマ『スカイキャッスル』は、高級住宅街に暮らす上流階級の妻たちが、富や権力を巡って繰り広げる壮絶な競争や家庭の苦悩を描き、社会階層や教育熱の実情に迫った作品である。このドラマの原作は、2018年に韓国で放送された『SKYキャッスル～上流階級の妻たち～』であり、最終話の視聴率が

23・8％を記録するほどの人気作であった。

日本版リメイクとなる『スカイキャッスル』は、2年前に放送された『六本木クラス』と同じスタッフによって制作された。『六本木クラス』も韓国ドラマ『梨泰院クラス』を日本向けにリメイクした作品であり、これら両作品は日韓共同制作の象徴的な例となっている。また、両作品ではストーリーのみならず、テーマ曲も原作をカバーしており、ドラマの世界観や映像のテンポを原作に極めて忠実に再現している点が特に印象的である。韓国ドラマ『SKYキャッスル〜上流階級の妻たち〜』のテーマ曲「We All Lie」は、日本版では歌手miletによってカバーされた。また、『六本木クラス』では、Gahoの「Start」がTHE BEAT GARDENによって「Start Over」としてカバーされている。このような「オリジナル・サウンドトラック」(Original Sound Track、以下OST)は、ドラマの物語や登場人物の感情を一層際立たせ、視聴者に深い没入感を与える重要な役割を果たしている。

韓国では、ドラマと同様にOSTもファンから愛されており、K－POPアイドルや著名アーティストが参加することが一般的である。OSTは単なる付加価値にとどまらず、ビジネス面でも重要な収益源となっており、ドラマ放映後、ドラマコンサートの開催やC

D販売などの二次的なマーケティングや収益の機会を提供している。例えば、第4次韓流ブームのきっかけとなったドラマ『愛の不時着』は、2022年10月に東京、大阪、愛知で「愛の不時着 オリジナルコンサート～ラブロマンス編～」を開催した。このようにドラマ単独でOSTコンサートが開催されたことは、ドラマの人気の高さを示している。さらに、翌年にはフルオーケストラによるOSTの演奏と、名シーンを厳選して編集した「愛の不時着 オリジナルコンサート～ラブロマンス編～フィルム上映会」も企画され、ドラマの世界観を深く楽しむ機会が提供された。

ドラマのOSTコンサートを開催するには、音源や映像の使用許可が必要となり、権利処理は非常に複雑である。特に日本と韓国間では、権利者や関係企業が多岐にわたるため、各種許可を取得するには多くの手続きが伴う。私は2018年と2019年の2年連続で「Drama Original Sounds Korea」を企画・運営したが、こうした権利調整の難しさを痛感した。音源や映像の許可を得るためには、制作会社や配信プラットフォームなど複数の関係者と何度も交渉を重ねる必要があり、スムーズに進まないことも多かった。

しかし、このような苦労を経て開催されたOSTコンサートは、ドラマファンにとって貴重な体験であり、作品への愛着をさらに深める機会となる。その結果、視聴者との絆が強まり、韓国ドラマの国際的な人気を後押しする効果も生まれた。

また、ＯＳＴは日本と韓国の音楽コラボレーションを促進し、日韓の相互理解と文化交流の架け橋としても役立っている。例えば、フジテレビのドラマ『シグナル 長期未解決事件捜査班』では、ＢＴＳが主題歌「Don't Leave Me」を担当し、この曲はストリーミング再生回数が1億回を突破した。また、東方神起やStray KidsといったＫ－ＰＯＰグループも日本のドラマやアニメで主題歌を担当するなど、日韓アーティストのコラボが活発化している。さらに、韓国ドラマ『太王四神記』では久石譲、『青い海の伝説』では吉俣良、映画『天命の城』では坂本龍一が音楽を手掛け、坂本龍一は２０１８年の「第23回釜山国際映画祭」でオープニングセレモニーに出演し、「今年のアジア映画人賞」を受賞するなど、日韓の文化交流に大きく貢献している。

ＯＳＴは、歌詞やメロディーに作品のテーマと感動を込め、ドラマの世界観を視聴者に伝える役割を果たす。こうしたＯＳＴの影響力は、今後も日韓のエンタメ分野での協力を促進し、文化的なつながりをさらに深めていくだろう。

放送映像の制作主体の多元化を求めて

毎年、文化体育観光部と韓国コンテンツ振興院が発行する「放送映像産業白書」では、ドラマを含む韓国の放送映像産業全般の動向、アジア地域における放送産業の推移、そして韓国内の視聴形態などが分かりやすくまとめられている。

２０２４年2月に公開された「２０２３放送映像産業白書」によると、２０２２年における地上波、有線、ＩＰＴＶなどのインターネット映像配信事業者を含む放送映像産業に携わる企業は１１５４社、そこで働く従事者数は５万１６３９人と発表された。そのうち、放送映像独立制作会社は７５３社、従業員は1万４６２４人を占めている[5]。全体の半分以上を占める放送映像独立制作会社の売上額は6兆３４６８億ウォンで、放送映像産業の総売上26兆１０４７億ウォンの約24・３％を占めている。

また、同年の輸出入に関する統計によると、輸出額は9億４８０４万ドル、輸入額は

5　制作会社は、基本的に放送局系列と独立系に分かれている。放送局系は系列会社として仕事が途絶えない安定性に魅力があるが、独立系は幅広い分野の番組制作に携われ、専門性で勝負する会社が多いのが特徴といえる。韓国のドラマ制作会社のほとんどが独立系である。

7344万ドルで、輸出額は前年比で32・0%の増加を記録した[6]。放送映像産業の総輸出額9億4804万ドルのうち、地上波および放送チャンネル使用事業者が59・2%、放送映像独立制作会社が40・8%を占めており、韓国の映像制作会社の海外ビジネスが非常に活発であることがよく示されている（表3－2）。

輸出額の年平均増加率が38・6%に達するほど、放送映像独立制作会社が海外ビジネスで収益を上げているのは驚くべきことである。その背景には、放送法によって外部制作会社の番組編成比率が規定された経緯がある。地上波テレビにおける外部制作会社による番組の義務編成比率は、1991年に初めて導入され、当初は3%に設定されたが、毎年3%ずつ引き上げられ、2005年には24～30%に達した。その後、この比率は40%まで拡大されたが、現在は35%を維持している[7]。

詳細をみると、放送法第72条（純粋外注制作放送プログラムの編成）により、「放送事

6 「2023放送映像産業白書」 https://www.kocca.kr/kocca/bbs/list/B0000146.do?menuNo=204154（2024年11月13日閲覧）

7 韓国コンテンツ学会論文誌（2017）『外注制作放送番組の編成政策の成果と評価』（Vol.17, No.12, P289-298）

表 3-2　放送映像産業の輸出額現況（単位：千ドル、％）

メディア		2020 年	2021 年	2022 年	比重	前年比増減率	年平均増減率
地上波放送局	放送番組販売	130,046	142,865	199,492	21	39.6	23.9
	在外国民放送支援	362	338	328	0	△2.7	△4.7
	ビデオ及びDVD販売	216	241	176	0	△26.9	△9.6
	タイムブロック販売	30,745	29,913	26,682	2.8	△10.8	△6.8
	フォーマット販売	7,096	9,969	14,606	1.5	46.5	43.5
	その他	40,080	30,001	29,955	3.2	△0.2	△13.5
	小計	208,545	213,326	271,241	28.6	27.1	14
放送チャンネル使用事業者	放送番組販売	225,068	193,980	243,090	25.6	25.3	3.9
	在外国民放送支援	597	95	68	0	△28.8	△66.3
	ビデオ及びDVD販売	3	0	0	0	-	-
	タイムブロック販売	186	350	142	0	△59.4	△12.6
	フォーマット販売	5,787	4,939	19,012	2	284.9	81.3
	その他	51,353	20,541	27,734	2.9	35	△26.5
	小計	282,995	219,904	290,047	30.6	31.9	1.2
地上波、チャンネル使用小計		491,539	433,230	561,288	59.2	29.6	6.9
放送映像独立制作会社		201,251	284,767	386,757	40.8	35.8	38.6
合計		692,790	717,997	948,045	100	32	17

出典：文化体育観光部・韓国コンテンツ振興院「2023 放送映像産業白書」

業者は放送法施行令で定める一定の割合以上を外注制作番組で編成すること」と規定されている。これに基づき、放送法施行令第58条（純粋外注制作放送番組の編成）では、「地上波放送事業者および地上波放送チャンネル使用事業者は、毎半期の放送時間のうち最大35％の範囲内で、放送通信委員会が告示する一定比率以上の外注製作プログラムを編成すること」とされている。また、「総合編成を行う放送事業者（例：総合編成チャンネル）は、毎四半期で編成する番組のうち最大15％の範囲内で、放送通信委員会が告示する比率以上の外注製作プログラムを編成すること」が求められる。

このように、外部制作会社の番組編成比率を規定した目的は、地上波放送の垂直独占体制を解体し、制作主体の多元化を確保することで、放送映像の流通を活性化し、放送市場の需要を拡大することにあった。これにより、国内の放送映像産業の競争力を高めることが期待されている。

結果として、韓国の制作会社の成長は放送市場の競争を促進し、地上波放送会社の市場支配力を抑制し、放送番組の多様性を向上させることにつながった。この変化により、視聴者は良質で多様な放送コンテンツを楽しめるようになり、外部制作会社が主導する海外ビジネスの展開は、韓国コンテンツの活性化に大きな役割を果たしている。

コラム

『ミセン－未生－』、『マイ・ディア・ミスター～私のおじさん～』美術監督イ・ハン氏に聞く！

最近、ディズニープラスで配信されている『刑事ロク 最後の心理戦』を観終わった。大好きな犯罪ミステリーというジャンルと、大好きな俳優イ・ソンミンの熱演により、観る価値のある作品となっていた。イ・ソンミンが演じる主人公、キム・テクロク刑事が暮らすノウル考試院（試験勉強に集中するための格安宿を考試院という）は、緻密な小道具や独特なセットの雰囲気により、まるで主人公の性格そのものを表現しているかのような印象を受けた。映像を通して部屋の匂いまで感じられるような、映画『パラサイト 半地下の家族』で、半地下の匂いがスクリーンから漂ってくるかのように感じた瞬間と同じ感覚を味わった。

最も貢献しているのは美術、特にセットの力ではないだろうか。韓国ドラマを楽しむ要素の一つに挙げられるリアリティの追求においても、美術の役割は欠かせない。韓国の名作ドラマを数多く手掛けた美術監督イ・ハン氏に、韓国ドラマにおける美術の意義について伺ってみた。

【代表作品】
2002年『張禧嬪 チャン・ヒビン』
2007年『白い巨塔』
2014年『ミセンー未生ー』
2016年『シグナル』
2018年『マイ・ディア・ミスター～私のおじさん～』
2019年『サバイバー：60日間の大統領』、『アスダル年代記』
2022年『刑事ロク 最後の心理戦』シーズン1
2023年『刑事ロク 最後の心理戦』シーズン2

黄：美術監督の役割について教えていただけますか？

イ：生活空間のデザインとは異なり、映像の中の全体的な空間や視覚的なコンセプト設定から実行までのすべての過程に関与します。そしてストーリーテリングを通じて空間の世界観を作り上げていく、創造的な役割だといえると思います。

黄：ドラマ制作の準備過程において、美術監督が本格的に合流する時期はいつ頃ですか？

イ：シノプシスやドラマ台本の初稿が準備される段階から、美術コンセプトの作業に参加するのが通常です。現実的には撮影開始の３～４か月前ですね。

黄：美術チームが最初に準備を終えてこそ、演出やカメラ、照明などの本格的な撮影が可能になるのではないでしょうか。１本のドラマの準備期間は一般的にどのくらいですか？

イ：おおよそ撮影開始の３～４か月前から準備に入ります。美術企画、セット制作、小道具、衣装、メイクなどすべてを含めると、それくらいの期間が一般的です。大規模な作品になると、少なくとも６～12か月以上かかる場合もあります。

黄：監督はこれまでに時代劇から医療もの、刑事ミステリーまで、さまざまなジャンルのドラマを担当されています。ジャンルによって特に意識していることはありますか？

イ：ジャンルごとに登場する世界観のコンセプト、カラートーン、質感など、追求する要素が異なります。それぞれのジャンルでの空間は虚構の物語の中にありますが、最大限現実感を持って共感できるように作り上げることを意識しています。

黄：担当された『マイ・ディア・ミスター〜私のおじさん〜』は、私にとっても非常に感銘深いドラマの一つです。美術監督として特に気を使われた部分はありますか？

イ：おっしゃる通り、この作品は各キャラクターの感情を深く掘り下げる物語なので、重要なキャラクターが滞在する空間それぞれに異なる情緒や設定を持たせることが大切でした。カラートーンや生活感、質感によって明確に区別されるように意識しました。特に、劇中で三兄弟が集まる「ジョンヒの酒場」の空間コンセプトが最も重要でした。そこは、各人の感情を解きほぐす場所であり、長い時間を共に過ごし、多くの思い出が詰まった空間を表現することに重点を置きました。

黄：『サバイバー：60日間の大統領』では、大統領府や執務室などをどのように準備されたのでしょうか？　下見が難しい場所では、どのように対応されますか？

イ：実際に現地調査が難しい空間の場合、徹底した資料収集と、把握し切れない部分に創造的な設定を加える作業が重要だと思います。そうすることで、視聴者にその空間が説得力を持つように見せられます。この作品では、大統領執務室のセットに、一般的な写真には登場しない仮想の会談スペースを追加しました。また、青瓦台の地下軍事施設のセットも、事実に基づくことができないため、想像力に基づいて作成しました。さらに、現実には経験したことのない「国会議事堂爆発事故」の仮想再現も、大きな課題として記憶に残っています。

黄：『シグナル』や『刑事ロク 最後の心理戦』では、まるで匂いが漂ってくるように犯罪現場がリアルに感じられました。刑事物の場合、どのように準備されるのでしょうか？

イ：刑事物のジャンルは、特に多様な犯罪現場をリアルに表現するのが難しいですね。各現場における犯行の手法に合わせ、リアルで五感に訴える質感を作り出すのが毎回の課題です。犯行の痕跡や犯行現場の再現は、事件の考証資料に頼る部分が多いため、事前の勉強会や準備を重ねることで、より高いクオリティに近づけています。

黄：ドラマはフィクションですが、リアル感がしっかりと伝わることで、視聴者からの共感が得られると思います。その点で、美術の役割が非常に大きいのではないでしょうか？

イ：おっしゃる通りです。物語に登場する人物が空間に対して感情移入できることが非常に重要です。特に、登場人物とセットが一体となることで、視聴者に響く作品になったことが印象に残っています。各人物が自分のセット空間に没頭し、まるで本当に自分の空間だと感じているような反応を得られた時、美術スタッフとして大きなやりがいを感じます。

黄：韓国ドラマの魅力の一つにディテールの豊かさがありますよね。空間や小道具が作品の世界観をよく表現していて、キャラクターを代弁する役割も果たしています。それぞれの作品で特に気にされる点は何でしょうか？

イ：私もやはり、空間や小物の細やかなディテールや刻まれた時間の表現には特にこだわります。画面には一瞬しか映らない部分かもしれませんが、登場人物がいない空間でも、キャラクターの存在を感じられるように工夫しています。そのために、常に挑戦を続けていますね。

黄：韓国ドラマは海外でも高い人気を誇っていますが、その実感はありますか？

イ：リアルタイムで世界中の反応が伝わる新しいプラットフォームの時代ですので、以前よりも一層、実感しています。それに伴って責任感も増しています。

黄：海外でも十分に通用する国際競争力が備わっていますね。美術の役割も大きかったと思うのですが、どうお考えですか？

イ：そうですね。映像美術は言語を超えて直感的に伝わる部分が多いですから、その分、重い責任と努力が求められると感じます。

黄：美術監督として、今後の韓国ドラマの展望についてお聞かせください。

イ：韓国ドラマが世界的に注目されている今、停滞せずにさらなる成長を続けられる制作環境が整えば、スタッフたちの活躍も一層広がると確信しています。私もその一助となれるよう努力したいです。ありがとうございました。

第4章

オリジナルストーリーを描く、脚本家の奮闘

原作なしの想像力で勝負

この本の執筆の合間に視聴しているドラマが『紙の月』だ。角田光代氏の小説を原作に韓国でドラマ化された作品で、観ているうちに原作小説を再び読んでみたくなるほど惹きつけられる。主人公の名前、「梨花（韓国語：イファ）」は日本と韓国で同じであり、その点でも興味を引く。原作の繊細な描写と、それを忠実に映像化したドラマの両方が魅力的で、どちらも多くの見どころがある。小説とドラマ、どちらも相互に楽しめる作品だ。

2005年にコンテンツプロデューサーとして働き始めた頃、同僚たちから「韓国ドラマには原作がないの？」「原作なしのドラマは、何をもとに編成が決まるの？」「広告主にはどのように作品を説明するの？」といった質問をよく受けた。当時の日本では、漫画や小説を原作とするドラマが主流で、それらの評価が編成や広告単価に大きく影響を与えていた。一方、韓国ドラマの多くは原作のないオリジナルストーリーで、短いシノプシスだけをもとに制作や編成が決まることが一般的だった。今振り返ると、それは無謀ともいえる挑戦だったように思う。

『冬のソナタ』による韓流ブームが起こった後、NHKや民放、BS、CS、CATVなどで多くの韓国ドラマが放送された。2000年代後半の人気作の中で原作があったものには、『フルハウス』、『私の名前はキム・サムスン』、『宮～Love in Palace』、『コーヒープリンス1号店』などがある。例えば『フルハウス』は、1993年から連載されている漫画が原作である。『私の名前はキム・サムスン』は初めてウェブ小説を原作として制作され、視聴率50％を記録した。この成功により、ウェブ小説を原作とした作品が注目を浴びるようになり、『コーヒープリンス1号店』などが続いた[1]。また、2006年の『恋愛時代～alone in love～』は、故・野沢尚氏の小説を原作に、離婚した夫婦の切ない心情を美しく描いた印象的なドラマである。

2000年代の韓流ブームを支えた韓国ドラマの多くは、オリジナルストーリーで制作されており、原作付きはごく少数だった。当時、日本やアメリカでは漫画や小説といった既存のIP（知的財産）に依存する傾向が強かったのに対し、韓国ではその依存度が低かった。また、タイトな制作スケジュールでの「ライブ撮影方式」が一般的であり、この体

1　NEWS CULTURE「モニターを飛び出したウェブ小説、テレビを欲する」https://www.newsculture.press/news/articleView.html?idxno=56456（2024年12月1日閲覧）

制では、原作を忠実に再現するよりも、視聴者の反応に合わせて物語を柔軟に展開するほうが合理的とされていた。

ＩＰへの依存度の低さとタイトな制作環境は、一見マイナス要因のように思えるが、実際には韓国ドラマの独自性を生み出す原動力となった。視聴者の興味を引きつけるオリジナルストーリーは、韓国社会の現状や価値観を迅速に反映し、脚本家の重要性を高める結果をもたらした。その結果、脚本家の名前が作品の成功を左右するほどの影響力を持つようになり、オリジナルストーリーは国際的な視聴者にも強くアピールする要素となった。

オリジナル台本によるドラマは、ビジネス面にも新たな可能性を切り開いた。例えば、2000年代当時の韓国では、ヒットした映画やドラマを小説化する「ノベライズ」がほとんど行われていなかった。しかし、ノベライズは日本を含む海外展開において有効な手法の一つである。特に日本では、人気の韓国ドラマを小説化することで、世界で唯一の書籍出版を実現することが可能となる。私が関わったドラマ『復活』も、脚本家キム・ジウ氏と協力し、ノベライズを成功させた例の一つだ。

原作の有無にはそれぞれメリットとデメリットがあるものの、韓国ドラマがオリジナルストーリーを軸に差別化を図り、柔軟な物語の展開やグローバル進出を可能にしてきた点は、大きな強みといえる。近年ではウェブトゥーンや小説を原作としたドラマが増えているが、オリジナルストーリーの制作を通じて培われた脚本家の創造力は、既存の枠組みを超えた「真のオリジナル」を生み出す原動力となっている。

チャイナマネーが与えてくれた「機会」と「危機」

1993年にドラマ『ジェラシー』が中国に輸出され、韓国ドラマとして初めて海外進出を果たした。その後、1997年には『愛が何だって』が人気を集め、2003年から2004年にかけて中国で放送された韓国ドラマは合計359本に達した。当時、中国の規制により夜10時以降の放送に限られていたものの、視聴率は12%を記録し、韓国ドラマの高い人気を証明した。さらに、2005年に放送された『宮廷女官チャングムの誓い』は、再び韓流ブームを巻き起こし、その圧倒的な人気が中国の制作陣に危機感を抱かせたといわれている。

しかし、韓国ドラマが中国のドラマ産業に最も大きな影響を与えたのは、2014年にインターネット配信で公開された『星から来たあなた』だった。2010年前後、中国では巨大IT企業がエンターテインメントビジネスに本格参入し、若者層のユーザー獲得を目指して韓国ドラマに積極的に取り組むようになった。当時、韓国ドラマは、テレビ放送、インターネット配信、DVDの3つの権利を一括で販売する「オールライツ販売」方式を採用しており、各国での展開は現地の権利元に委ねられていた。そのため、テレビ放送が必ずしも優先されるわけではなく、配信プラットフォームの活用が新たな主流となりつつあった。

ドラマ『星から来たあなた』は4つのインターネット配信プラットフォームで視聴可能となり、40億ビューを超える驚異的な人気を記録した。このドラマに登場する小道具は大ヒットし、「初雪が降るときはチキンを食べ、ビールを飲む」というセリフをきっかけに「チメク（チキンとビール）」文化が中国全土に広がる現象を生んだ。また、中国の規制により幽霊や賭博、暴力を美化する内容のドラマは進出が難しい中、この作品はファンタジー要素を取り入れた緊迫感のある展開が中国のファンを魅了した。さらに、インターネット配信によって韓国と中国の公開タイミングの差が縮まり、スピーディーな公開が可能になった。こうした要素が相まって、『星から来たあなた』はインターネット配信を通じて再び韓流ブームに火をつける結果となった。

一方、中国の規制には新たな動きが見られ始めた。中国全土のテレビ、ラジオ、新聞、出版社を管轄する「国家新聞出版広電総局」は、2014年3月にインターネット配信を通じて提供されるドラマや映画にも「先審査、後放映」制度を導入し、バラエティーなどの番組フォーマットの輸入を各テレビ局で年1回に制限すると発表した。

この制限を回避するため、韓国は中国現地のテレビ局との制作コンサルティングや共同制作へと方針を転換した。これにより、中国でのドラマ制作には韓国の監督や脚本家、スタッフ、制作会社が参加するようになり、その動きが活発化した。例えば、『星から来たあなた』のチャン・テユ監督、『シークレット・ガーデン』のシン・ウチョル監督、『最高の愛〜恋はドゥグンドゥグン〜』の脚本家ホン・ジョンウン、ホン・ミラン両氏などがその代表的な例である。

さらに、中国企業も韓流をマーケティング戦略として積極的に活用するようになった。ドラマ本編に間接広告（PPL）として中国製品を登場させ、視聴者である中国の若者の購買意欲を高める試みが行われた。例えば、『スリーデイズ』では中国のアプリを使ったレストラン予約、『ドクター異邦人』では中国製カクテルが小道具として登場し、ビール、コーヒー、配送ボックスといった中国製品がPPLとして多用された。しかし、このような過剰なＰＰＬは韓国国内で問題視されることもあった。

一方で、『星から来たあなた』の影響はこれにとどまらなかった。中国のＩＴ企業は韓国の地上波テレビ局やＫ－ＰＯＰマネジメント会社と協力契約を結び、さらに韓国のコンテンツ企業への直接投資や買収も進めた。２０１４年10月、中国の華策影視は韓国の主要映画配給会社であるＮＥＷ（Next Entertainment World）の15％の株式を収得し、第２位の株主となった。また、ドラマ『朱蒙 －チュモン』を制作したチョロクベムの31・４％の株が中国のJuna Internationalに買収された。このような投資により、独占的なコンテンツ供給を条件とする契約が結ばれるケースもあった。その結果、制作資金の事前調達や中国での審査通過といった課題はある程度解決されたものの、中国資本が関与する制作会社の増加については、必ずしもすべてが肯定的に受け入れられたわけではなかった。

長い試行錯誤を経て築かれた韓国のドラマ制作の底力が、中国の下請け業務に陥るのではないかという懸念も存在した。海外市場で求められるコンテンツを作り、安定した資本や投資環境が整うこと自体は歓迎されるが、誰が主導権を握り、どのような基準で制作が進められるかが重要な問題となった。このような状況を避けるためには、明確な目的と持続可能なビジネスモデルを構築し、可能であれば共同制作という形態を取ることが求められた。

多様なジャンルへの挑戦、「ジャンルもの」の進化

グローバルOTTサービスであるネットフリックスが、オリジナルコンテンツ制作と独占配信を目的に韓国ドラマへの投資を活発化させていた時期の話である。巨額の制作投資に賛成する声がある一方で、「ネットフリックスの影響で韓国ドラマのジャンルが偏るのではないか」という懸念も一部から聞かれた。具体的には、残酷なアクションや暴力性を強調した作品が増えている点が指摘されている。ネットフリックスが刺激的なスリラーやサスペンスを好む傾向にあるともいわれるが、こうした流れが本当にネットフリックスの影響によるものなのかは疑問が残る。

韓国では、サスペンス、ファンタジー、ミステリー、犯罪、ホラーといった特定のジャンルに焦点を当て、物語全体をそのジャンルで描くドラマや映画、アニメを総じて「ジャンルもの」と呼ぶ。日本で「刑事ドラマ」というカテゴリーがあるように、韓国では「ジャンルもの」という枠組みで分類され、その進化が特に際立つ時期もあった。

韓国ドラマは、『冬のソナタ』をきっかけに海外進出が活発化し、ラブストーリーや時代劇、ラブコメディなど、多様なジャンルやストーリーへの挑戦を続けてきた。2005年には、人間の内面に潜む弱点と生命力の衝突や葛藤を描いた『復活』、2008年には、少年時代の悲劇的な事件をきっかけに宿命的な対決を繰り広げる2人の男と、サイコメトリー能力を持つ超能力者の女性を描いた『魔王』といった異色の作品も登場した。

しかし、本格的に「ジャンルもの」が脚光を浴びるようになったのは、キム・ウニ脚本のドラマ『シグナル』からといえるだろう。2016年1月にケーブルテレビ局のtvNで放映され、最高視聴率12・5%という異例の記録を達成した。このドラマは、過去と現在の刑事が無線機を通じて20年間の時空を超え、長期未解決事件を解決していくという緊張感あふれるストーリーが視聴者に高く評価された。その人気は日本にも広がり、ドラマとしてリメイクされたほか、映画化も実現した。

興味深いのは、この作品が当初は地上波テレビ局への編成を目指して制作されたにもかかわらず、最終的にケーブルテレビ局で放映されることになった点である。この経緯は業界関係者の間でも驚きをもって語られた。一体なぜ、地上波テレビ局での放送が実現しなかったのだろうか。

キム・ウニ氏は、専門的なテーマを取り上げ、緊張感やスリルに満ちたサスペンスストーリーを描ける脚本家の一人である。彼女が手掛けた『サイン』、『ファントム』、『スリーデイズ～愛と正義～』は、熱心なファンを生むほど注目されたが、必ずしも広く大衆的な人気を得た作品とはいえない。そのため、視聴率が安定しないケースもあり、「ジャンルものは地上波テレビ局では厳しいのではないか」という声があったようである。

さらに、視聴率の問題だけではなく、家族や恋愛ドラマに比べて制作費も多くなりがちな一方で、間接広告（ＰＰＬ）の販売が難しいという問題もあった。また、こうした作品は暗く重い内容になりやすく、展開が速いため、国内外で広く受け入れられにくい傾向もある。それらの問題は、『シグナル』にも当てはまると指摘されていた。

一方で、地上波テレビ局が軽視した「ジャンルもの」は、ケーブルテレビ局に徐々に定着し、ヒット作を生み出す。２０１６年『シグナル』に続き、２０１７年1月には『ボイス～112の奇跡～』、6月には『秘密の森～深い闇の向こうに～』が成功を収めた。

こうしたケーブル局での成功が相次ぎ、「ジャンルもの」に対する注目が高まる中、地上波テレビ局もようやく再評価を始めた。自ら手放した「ジャンルもの」の成功を恐れた地上波テレビ局が編成に踏み切った代表作が、２０１７年に放映した『被告人』である。

このドラマは、娘と妻を殺したという濡れ衣を着せられた検事が、失われた4か月間の記憶を取り戻しながら戦う姿を描いていて、最終話では28・3％の高視聴率を記録し、大ヒットを遂げた。

「ジャンルもの」の人気は、韓国社会の状況とも深く関連している。2016年、朴槿恵（パク・クネ）前大統領が友人による国政介入疑惑で窮地に追い込まれた末、翌年には弾劾されるという韓国憲政史上初の出来事があった。その後、大統領は収賄容疑で逮捕されるに至る。

このような不正や腐敗に対する国民の怒りが、「ジャンルもの」への関心を高めたといわれている[2]。ドラマの中で、権力を利用して罪を犯す悪人たちの姿が、現実の社会問題とリンクし、視聴者の共感を呼び起こす。視聴者はドラマを通じて、国民よりも自分と側近を優先した朴槿恵前大統領や、その権力を利用して賄賂を受け取り、娘を不正入学させた崔順実（チェ・スンシル）、さらに権力者に賄賂を渡して利益を得ようとした大企業の姿を思い出した。

さらに、「ジャンルもの」が愛される理由の一つは、感情移入しやすい主人公たちの存在である。愛する人を守るために奮闘する姿や、涙、怒り、挫折といった感情的な要素が視聴者の共感を呼び、ストーリーに引き込ませる。こうした感性的な要素を巧みに取り入れた「韓国型ジャンルもの」は、視聴者の心をつかむのに十分な魅力を備えているのである。

共同創作システム、その効果は

2009年7月からTBSで放映されたドラマ『オルトロスの犬』は、あらゆる怪我や病気を治す力を持つ凶悪な男と、触れただけで人を殺す力を持つ優しく繊細な青年が出会い、物語が展開されるサスペンスドラマである。主演を滝沢秀明が務め、多くの注目を集めた作品として知られている。

2023年3月、このドラマの脚本を手掛けた小林雄次氏の話を聞けるイベントに参加する機会があった。驚いたことに、『オルトロスの犬』は複数の脚本家による共同制作で、

2　DANBI NEWS「理由のある、ジャンルもの全盛時代」https://www.danbinews.com/news/articleView.html?idxno=8590（2024年12月6日閲覧）

アメリカの「ショーランナー方式」を採用していたという。実際、ドラマ情報を調べると、脚本欄に「ワーナー・ブラザース映画ライターズワークショップ」と記され、個々の脚本家の名は明記されていない[3]。

小林氏によれば、ショーランナーを務めたのは青木万央氏で、彼を中心に自分を含む5人の脚本家が一話ごとにアイデア出しから決定稿までを繰り返したとのことだ[4]。日本の地上波テレビ局のドラマが、いち早くアメリカのショーランナー方式を導入した点は珍しい事例と言える。

ショーランナー（Showrunner）とは、アメリカやカナダのテレビ番組で採用される制作方式で、複数の脚本家が共同で執筆する「集団執筆システム」を指す。ショーランナーは作品全体の構想を統括し、物語の世界観やキャラクター設定、細かいストーリー展開を決定。そのもとで複数の脚本家がそれぞれの担当部分を執筆する。

一方、韓国ドラマではショーランナーに似た役割を果たす「クリエイター」や「クリエイティブディレクター」というポジションが存在する。例えば、『ミスティ〜愛の真実〜』や『今、別れの途中です』では、脚本家ジェイン氏とクリエイティブディレクターのカン・ウンギョン氏が制作に関与している。カン氏は『浪漫ドクター キム・サブ』や『製パン王キム・タック』、『京城クリーチャー』などの脚本を手掛け、2015年に設立した創作団体「グルライン（Gleline）」を通じ、企画開発や脚本調整、セリフの意図を現場でプロデュースしている。

また、『力の強い女ト・ボンスン』や『僕を溶かしてくれ』の脚本家ペク・ミギョン氏は、ドラマ『私は堂々とシンデレラを夢見る』にクリエイターとして参加した。さらに、『ハッシュ～沈黙注意報～』や『SUITS／スーツ～運命の選択～』を手掛けたキム・ジョンミン氏は、特殊能力を持つ母親が家族と共に悪党たちに立ち向かう物語を描いた『家族計画』ではクリエイターを担当している。このように、韓国ドラマでは多くのベテラン脚本家が台本執筆だけでなく、「クリエイター」や「クリエイティブディレクター」としてストーリー全体のプロデュースにも積極的に関与している。

近年、韓国ドラマの脚本家たちがこのシステムを活用している理由は何だろうか。その

3　TBS『オルトロスの犬』公式サイト　https://www.tbs.co.jp/orthros-dog/　（2024年11月30日閲覧）
4　2023年3月8日、マカイラ公共政策研究所の主催イベント『Contents Innovation Days 2023 vol.1 世界が求める企画脚本のクオリティとは』の発表内容の一部を引用。　関連サイト https://contents-innovation-days2023-1.peatix.com/　（2024年11月30日閲覧）

背景には、若手脚本家の育成を目的とした人材開発の取り組みや、グローバルOTT時代を迎えた現在、多メディア環境で創作性を高める必要性があるといえる。例えば、『グッド・ドクター』や『熱血司祭』シリーズ、『ヴィンチェンツォ』など数々のヒット作を手掛けた脚本家パク・ジェボム氏も、このシステムを活用して『捜査班長1958』を制作した。

パク氏はインタビューで、若手脚本家の育成を重視し、このシステムを「時代に適応した進化した仕組み」と高く評価している。一人で制作を進めるのではなく、「集団知性」を取り入れることで多様性や対応力が向上し、急速に変化する視聴者のニーズにも柔軟に応えられると述べた。また、複数の人と協力することで視野が広がり、共通のアイデアや解決策を見つけやすくなる点も強調している。

一方で、このシステムはまだ完全に定着しておらず、多くの試行錯誤が続いているとも指摘している。パク氏は特に、テレビ局や制作会社にこのシステムを受け入れる体制が十分に整っていない現状を課題として挙げている。

日本放送作家協会・故市川森一元理事長も、当時のドラマ『オルトロスの犬』に言及し、こう述べていた。「共同作業は脚本家同士の勉強にもなる。この方式をいい形で活用するためには、脚本家は内容に責任を持つ一方、制作サイドが脚本家の主体性をきちんと尊重することが必要。それがなければ、視聴者を軽視することになってしまう」[5]。

ドラマは時代を映し出し、半歩先の社会を描くものだ。急速に変化する社会や価値観、そして多様化するニーズに対応できるクリエイターが求められる時代において、共同創作システムの誕生とその活用は、必然的な流れといえるだろう。

コラム　『捜査班長 1958』クリエイター パク・ジェボム氏に聞く！ 共同システム「Plot Store」

韓国のテレビドラマの歴史とともに歩んだ作品といえば、1971年から1989年まで18年間にわたり放送された、韓国初の捜査ドラマ『捜査班長』が挙げられる。5人の市警捜査課特別捜査本部の捜査官たちが、班長を中心に実際に起きた犯罪事件を解決していく姿を描いたこの作品は、捜査の技術や手法よりもヒューマンストーリーに焦点を当て、

5　読売新聞「ドラマに共同脚本導入」https://web.archive.org/web/20090819002538/http://www.yomiuri.co.jp/entertainment/tv/20090813et06.htm（2024年12月1日閲覧）

その時代の痛みや人々の共感を引き出す刑事ドラマの秀作として知られている。
この『捜査班長』が、35年ぶりに2024年に帰ってきた。『グッド・ドクター』、『ヴィンチェンツォ』、『熱血司祭』などで知られる脚本家のパク・ジェボム氏がクリエイターとして制作に参加し、脚本家の共同創作執筆システムによってさらに完成度が高められた点も注目されている。なぜ、今の時代のドラマ制作で脚本家たちの共同作業が必要とされるのか、そしてドラマ執筆の在り方について、パク・ジェボム氏にお話を伺った。

【代表作品】
2002年『パンツモデル』
2010年~2014年『神のクイズ』シーズン1、2、3、4
2013年『グッド・ドクター』
2017年『キム課長とソ理事 ~ Bravo! Your Life ~』
2019年『熱血司祭』
2021年『ヴィンチェンツォ』
2024年『熱血司祭2』

黄：『捜査班長１９５８』は本当に面白かったです。リメイクではなく、プリクエル（prequel、前日譚）バージョンとして紹介されていましたが、具体的には何が違うのでしょうか？

パク：リメイクは既存の作品やストーリーを新たに作り直す手法であるのに対し、プリクエルは新しいストーリーで、ある物語よりも前に起きた出来事を描く設定です。『捜査班長１９５８』では、『捜査班長』のキャラクターだけを借りて、彼らの青年時代を描きました。今回の作品で私が関心を持ったのは、捜査官たちがどのように出会ったのか、若い頃からその性格だったのか、ということです。オリジナルでは事件を追って解決する過程が描かれていますが、プリクエルでは、なぜ彼らがそのように事件を解決するようになったのか、彼らの内面にあるヒューマニズムからアプローチしたかったのです。

プリクエルは制作手法としてよく使用されており、スピンオフの一種でもありますが、時間軸としては本編の前の時代を扱っています。事件そのものよりも、彼らがなぜそのように解決策を導き出すのか、その内面にある人間らしさを書きたかったのです。

黄：『捜査班長1958』では、パクさんがクリエイターとして参加し、脚本家のキム・ヨンシン氏が執筆を担当されています。脚本家の共同創作システムによる作品として制作されましたが、そのシステムについて教えていただけますか？

パク：クリエイターは全体のストーリーの骨組みや基本コンセプトを作り上げる総企画の役割を担い、脚本家はその構想をもとにストーリーを具体的に動かす役割です。今回の『捜査班長1958』では、物語の大前提やテーマを構想することが私の役割でした。大枠が固まった後で、その内容に合う脚本家を見つけ、脚本家と細部を話し合いながら作品を完成させせます。

脚本家は企画に基づいて執筆を進めますが、お互いに意見を出し合い、台本を修正しつつサポートし合う包括的な作業です。ある意味で、プロデューサーに似た役割でもありますね。映画やドラマでプロデューサーと演出監督がそれぞれの役割を分担しているように、このシステムでは脚本家プロデューサーと脚本家が協力し合って作品を作り上げます。

黄：『捜査班長1958』のクリエイターとして参加してみて、いかがでしたか？

パク：このシステムはまだ定着しておらず、さまざまな試行錯誤がありました。それは脚本家チームだけの問題ではなく、制作側の理解の違いも大きかったです。放送局や制作会社がこのシステムを受け入れる準備ができていないという印象でした。脚本家チームが作業する際の難易度だけでなく、システムへの理解を求める議論が続けられることが重要だと感じます。

韓国では依然として、一人の脚本家が作品を書くのが一般的で、それが古典的なスタイルです。しかし、共同執筆はアメリカの「ライターズルーム」の概念に近づいていくべきだと思っています。アメリカ式がすべて良いわけではありませんが、時代が求めている要請に応える方法ではないでしょうか。現代に入ってから、作品の面白さやテーマ、意義などを1人で感知し切るには限界があると感じます。

さらに、AIの台頭に対抗するためにも、一人で脚本を執筆する体制では多様性や柔軟性を保つのが難しくなるかもしれません。システム化を進めないと、視聴者の多様な趣向やさまざまな要求に応えることは難しいでしょう。一人の脚本家が主導し、サポートが多いよりも、複数の脚本家が責任を持って執筆できるほうが効率的だと思います。

これは単なる新しい試みではなく、時代に沿って進化する必要があるものだと考えています。こうしたシステムの活用が「集団知性」を取り入れることで、より良いものを生み出せると感じます。一流の脚本家であれば、共同執筆システムを使わなくても生き残れるでしょうが、一般的なドラマ市場で自由な発想を持ち、さまざまなジャンルを行き来して執筆するには、一人よりもチームで取り組むほうが、より成熟した作品ができると思います。

黄：脚本家共同創作システムの特徴と、長所・短所について教えてください。従来の韓国ドラマの執筆構造とはどのような違いがあるのでしょうか？

パク：多様性もさることながら、対応力も重要です。複数の脚本家が早急に対応できる体制が、執筆作業において非常に大事だと感じます。視聴者のニーズは変化が速く、頻繁に移り変わります。そのため、それに常に敏感に対応しなければなりません。一人で進めるよりも、複数の人と協力することで視野が広がり、共通点を見つけやすくなります。時代の変化に素早く適応し、古い部分を新しいアイデアで更新していくことも重要です。

　多くの人が共同執筆システムに対して抱く最大の懸念は、感覚や発想の違いからチーム内で意見が合わなくなることです。しかし、その懸念に対する答えは、クリエイターが持つ「パワー」にあります。ここでいうパワーとは権力ではなく、リーダーシップや自律性を保つことです。脚本家チーム、演出チーム、プロデューステームが相互に協力し発展していくためのバランスを取り、どのチームも偏ることなく進めることが重要です。それぞれのメンバーをうまくまとめて引っ張っていくリーダーシップが求められます。

　共同執筆システムを活用することで誤解されがちなこともあります。例えば、3人の脚本家が加わることでアイデアも3倍になると思い込む人がいます。しかし実際はそうではなく、一つの台詞やキャラクターがよりしっかりしたものになるということです。

黄：共同執筆システムを通じて制作し、成功を収めた最初の作品が『捜査班長1958』として知られていますが、共同創作システムを取り入れた作品を振り返ってみていかがですか？　成果として挙げられる点は何でしょうか？

パク：『捜査班長1958』では、各話を個別に分けて執筆するのではなく、完全に共同執筆システムを導入しました。クリエイター、脚本家、そして脚色の専門メンバー4人も加わり、チームでの執筆に取り組みました。まず、私が全体のストーリーの骨組みを作成し、それに基づいてキム・ヨンシン氏が台本を書きました。その後、脚色メンバーがさらに面白く加筆し、最終的に脚本家と私で確認や修正を行いました。このような作業プロセスについて、「一人で書いたほうが楽では？」と聞かれることもありますが、クリエイターとして作品に参加する時は、脚本家ではなくプロデューサーの視点を持つことが重要です。私が独立映画監督やプロデューサーの経験を持っていたことで、演出や企画面でも役立ったと感じます。

　このような共同執筆システムを導入した理由の一つは、若手脚本家がデビューする機会が少ないという現状です。韓国の脚本家のうち、10〜15％ほどしか力を持って堂々とリードできる人はいません。それ以外の脚本家は多くの機会に恵まれていないのが現実です。キム・ヨンシン氏も2020年の公募で当選した若手脚本家の一人で、彼女のような若手が実力を発揮でき、自由に創造力を発揮できる環境を作ることが、このシステムの目的の一つでもあります。

黄：韓国ドラマの間で、共同創作システムを取り入れて制作される作品が増えてきました。カン・ウンギョン氏の「グルライン（Gleline）」のように、脚本家たちが共同作業を求められる背景や要因には何があるのでしょうか？

パク：カン・ウンギョン氏の「グルライン（Gleline）」は、ある意味でこのシステムが定着した例といえるでしょう。大先輩の脚本家がクリエイターとして制作に関わり、若手の脚本家が実際に執筆を担うことで、作品への信頼性が大きく向上します。これは、リスペクトに基づく信頼関係が制作過程で非常に重要な要素だからです。おそらくこれは東洋的な環境に特有の要素かもしれませんが、こうした信頼関係が制作現場での大きな力になるのです。

カン・ウンギョン氏がクリエイターとして積極的に活動し、多くの困難を乗り越えてきたことは素晴らしいことです。しかし、現実にはほとんどのクリエイターシステムが成功を収めるのは難しく、失敗に終わるケースも多いといえます。

黄：『捜査班長１９５８』の制作において、制作会社や放送局とのコミュニケーションや業務の効率化はどうでしたか？

パク：『捜査班長１９５８』は２０２１年から約３年間の準備期間を経ており、最初から共同執筆システムを取り入れる方針で提案しました。このシステムの重要性について理解を得られ、関係者全員が認識を共有し、合意に至ったのは非常に良かった点です。台本の内容に関してはさまざまな意見が交わされましたが、システム自体については異なる意見やコミュニケーション上の問題はほとんどありませんでした。放送局の企画チームも共同執筆システムに積極的に賛成してくれたため、ドラマの企画段階で全員の合意を得て進行できた作品です。作品自体が特別企画としての意義を持ち、制作面でも新たなチャレンジができたことは非常に意義深かったですね。

キャスティングについても従来とは異なり、主なスタッフを中心に話し合いながら候補者リストから決定しました。俳優側に台本を渡す際も、スタッフの合意を経て次々と進められる体制が整っていました。

黄：現在手掛けている作品も共同執筆システムを活用していますか？

パク：はい、現在4つの作品で共同執筆システムを取り入れていますが、ジャンルや脚本家によってシステムを調整しています。特に、脚本家の個性や創造力が重視されるコメディやロマンティック・コメディでは、共同執筆システムの必要性は少ないかもしれません。これらのジャンルは脚本家の個性が重要ですから。

一方で、スリラーのようにパズルを組み合わせるような作品や、完成度の高いナラティブが求められる時代劇、刑事ドラマなどでは共同執筆システムが非常に効果的です。スピード感が求められる物語の展開や、論理的な問題を解決するストーリーテリングには複数人での執筆が適しているのです。

黄：今後もドラマ制作において共同執筆システムを活用する計画でしょうか？

パク：はい、今後も多様な作品に共同執筆システムを取り入れていく予定です。現在、グローバルOTTプラットフォームを通じて作品が世界に公開される時代となり、ドラマには多様性と対応力が求められています。ただし、OTTプラットフォームが共同執筆システムを特に求めているわけではありません。むしろ、重要なのは視聴者が長く楽しめる良質な物語を生み出すことです。

流行は常に変わりますが、刺激的な作品に飽きた時、視聴者が求めるのはドラマ本来の深みや正統的な物語だと考えています。だからこそ、単に流行を追うのではなく、本質を追求した企画が重要です。今後もグローバルな動向を観察し、視聴者のニーズを的確に把握しつつ、質の高い物語を提供していきたいと考えています。

黄：脚本家の共同創作システムは海外との協力にも活用できるでしょうか？

パク：可能性はあると思いますが、言語の壁が大きな課題となります。海外との共同執筆システムを成功させるためには、優秀な翻訳家や通訳者がチームに必要です。しかし、現状ではこの言語サポートに十分な投資がされていないのが実情です。例えば、韓国の制作会社では脚本家出身の企画プロデューサーが増えています。それと同様に脚本家の考えやニュアンスを正確に伝える通訳・翻訳者が同伴しないと、国際協力は難しいでしょう。

このように、ドラマ制作における翻訳はただの言語変換ではなく、物語の本質やユーモア、感情表現の微妙なニュアンスを伝えることが求められます。貿易の訳官（朝鮮王朝時代の通訳官）が貿易成功の鍵を握っていたのと同様、シナリオや台本においても、専門的な体制が整ってはじめて、真の国際協力が実現すると思います。脚本家の意志だけでは限界があり、適切なサポート体制が重要です。

第5章
韓国型スタジオシステムとドラマビジネス

ドラマ制作会社の在り方とは

韓国のドラマ制作会社の核心的な競争力は、優れた脚本家をどれだけ確保できるかにかかっているといわれる。韓流ブームを巻き起こしたドラマ『冬のソナタ』の成功以降、出演料の高騰や、海外市場に対応した高品質な作品を求める意識の高まりが制作費に反映されてきた。その結果、従来の下請け型の収益構造では限界が生じ、新たなビジネスモデルの開発が求められるようになった。

文化体育観光部と韓国コンテンツ振興院が発行した「2023放送映像産業白書」によれば、韓国の放送映像独立制作会社は753社存在し、総売上は6兆3468億ウォンに達している。これは、放送映像産業全体の売上(26兆1047億ウォン)の約24・3%を占める。また、輸出額の40・8%は制作会社によるものであり、映像産業における制作会社の収益割合が非常に大きいことが示されている[1]。こうした背景の中、2006年に設立された「韓国ドラマ制作社協会」には、制作会社51社が所属し、ドラマ制作環境の改善、制作者の国内外での競争力向上、権益保護、福祉増進を目的とした活動を行っている[2]。

ドラマ制作会社の収益に直結する重要な要素の一つは、作品がどのメディアで編成・公開されるかである。テレビ局、インターネット配信、グローバルプラットフォームなど、多様なメディアへの編成が収益確保の第一条件となっている。この編成決定に最も影響を与えるのは脚本家と主演俳優の存在であることが知られている。そのため、制作会社は脚本家との契約状況や俳優が所属するマネジメント会社との協業を重視し、安定した制作体制をアピールする。特に大手制作会社は、脚本家や監督との連携状況を自社ホームページに掲載したり、マネジメント会社や他業種企業との協業体制を積極的に強調したりすることで、信頼性と競争力を示している。

一方、メディア側から発注を受けて制作・納品する下請け型の仕組みから脱却し、自ら企画・開発したドラマを制作し、その権利を活用して多様なビジネス展開を図る動きが広がっている。このような構造は「スタジオシステム」と呼ばれ、導入によりメディアと制作会社の役割や位置づけが大きく変化した。

この代表的な成功事例として挙げられるのが、『ウ・ヨンウ弁護士は天才肌』である。

1　「２０２３放送映像産業白書」 https://www.kocca.kr/kocca/bbs/list/B0000146.do?menuNo=204154 （２０２４年11月13日閲覧）

2　韓国ドラマ制作社協会の公式ＨＰ　http://www.kodatv.or.kr （２０２４年９月13日閲覧）

作品の制作会社「A Story」は、自ら企画を発掘し、制作したドラマの権利を保有。その後、ケーブルテレビでの放送を決定し、ネットフリックスを通じたグローバル展開を主導した。作品は国内外で高い評価を受けただけでなく、制作会社は権利を活用して、ウェブトゥーン、アニメーション、ゲーム、ブロックチェーン、NFT、メタバース、グッズ、OST、ミュージカル、リメイク、ノベライズなど、多岐にわたるIP（知的財産）展開を推進している。単に面白いドラマを制作して利益を得るだけでなく、他業種への展開やビジネス拡大を通じて、持続可能なコンテンツビジネスの構築に挑戦する戦略こそが、特徴的な強みといえる。

では、なぜ韓国の制作会社が高いリスクを負いながらも、これほど多様なビジネス展開に挑むのだろうか。それは、『冬のソナタ』を皮切りに、『キングダム』や『イカゲーム』が示した成功例と可能性に起因している。『冬のソナタ』は、たまたま制作会社が海外権利を保有していたことで、制作費の10倍近くを海外市場で回収するという大成功を収めた。一方、『キングダム』や『イカゲーム』では、莫大な制作費を確保するためにすべての権利をプラットフォーム側に譲渡した。その結果、制作会社は制作費以上の利益を得ることができない。しかし、これらの作品が韓国ドラマの高い競争力を世界に示したことで、次々と新たなオファーが舞い込み、さらなるビジネスチャンスを生み出したことは大きな成果といえる。結果として、損して得を取る戦略が功を奏したといえるだろう。

韓国のドラマ制作会社は、多様なビジネス展開を目指す中の第一歩として上場を試みることがある。実際、韓国では毎年、ドラマ制作会社の上場ニュースが絶えない。例えば、韓国地上波テレビ局において史上初めて外国人監督が演出したドラマ『完璧な家族』を手掛けた「ビクトリーコンテンツ」は2023年8月に上場、『結婚作詞 離婚作曲』シリーズ2、3を制作した「ハイグラウンド」は上場を目指している。ドラマ制作会社の上場には、資金調達や信用力向上という大きなメリットがある一方で、制作方針への影響や運営コストの増加といった課題も存在する。それでも、企業成長にとって上場は不可欠な要素といえるだろう。

ドラマとは、人間の想像力と創造力の結晶であり、映像を通じて一歩先の社会や未来を導くものである。視聴者ニーズの多様化、多様な物語、価値観の多様性の尊重、そして持続可能性の追求が重要である。ドラマ制作会社は、エンターテインメント産業の一翼を担うだけでなく、文化や社会に影響を与える重要な役割を果たしている。視聴者の期待を超える作品を生み出し続けるためには、創造性、ビジネス戦略、社会的責任という3つの柱をバランスよく追求することが求められる。

『浪漫ドクター キム・サブ』、『Ｍｉｓｓナイト&Ｍｉｓｓデイ』
サムファネットワークス

ドラマの国際競争力を高めるためには、優秀なスタッフを起用するための十分な資本や、国内外での安定した流通網の確保が必要である。しかし、最も重要なのは、脚本家や監督といったクリエイターのモチベーションを支える制作会社の発展と成長だろう。制作会社の実力こそが、ドラマの質と競争力を左右する鍵となる。

韓国初の独立ドラマ制作会社である「サムファビデオプロダクション」は、１９８０年に設立された。現在の「サムファネットワークス」（以下サムファ）の前身にあたる。当初はビデオ製造や企業向け広報映像の制作を手掛けていたが、１９８７年から本格的にドラマ制作に参入した。

韓国ドラマの歴史とともに成長・進化したサムファは、35年以上にわたる活動の中で、多様なジャンルのドラマを制作してきた。その作品リストは韓国ドラマの変遷を象徴しており、業界の基盤を築きながら数多くのヒット作を生み出してきた。歴史、医学、恋愛、サクセスストーリーなど幅広いジャンルで挑戦を続け、韓国ドラマの発展に貢献している。

さらに、２００７年にはドラマ制作会社として上場を果たし、業界全体の発展に明るい展望を示した。このように、サムファァは今も挑戦を続け、ドラマ制作産業を牽引している[3]。

アメリカのビデオ制作・供給ビジネスを展開しながらドラマ制作を続ける中、サムファァを一躍有名にしたのが、１９９５年の週末ドラマ『風呂場の男たち』である。30年間銭湯を営む一家を中心に、世代間の対立や和解をユニークに描いたこの作品は、最高視聴率53・４％を記録し、「国民ドラマ」として広く愛された。特に、サムファァが手掛けた週末放送のドラマは、多くが家族愛をテーマにしたホームドラマの典型を築き上げたと評価されている。

これまでにサムファァが制作したドラマは１２０本以上に上り、そのほぼすべてが地上波テレビ局、ケーブルテレビ局、総合編成チャンネルなどで放送されている。これらの作品を通じて、サムファァは「テレビドラマ」のアイデンティティと価値を明確に示してきたと

3　サムファァネットワークスＨＰ　http://www.shnetworks.co.kr/　（２０２４年12月11日閲覧）

いえる。

サムファの共同代表であるアン・ジェヒョン氏は、ドラマ制作において最も重要な要素についてこう語る。「ドラマ制作の中核的な競争要素は、知名度の高い脚本家と制作競争力のある演出監督を確保し、彼らが十分に想像力を発揮できる環境や基盤を制作会社が整えることにある」とし、優秀なクリエイターの確保が鍵であると強調した。

実際、サムファァは『恋愛体質〜30歳になれば大丈夫』や映画『エクストリーム・ジョブ』を手掛けたイ・ビョンホン氏をはじめ、30人以上の脚本家と10人以上の演出監督と契約を結んでいる。その中にはヒット作品を連発する著名なクリエイターもいれば、1〜2本の作品を手掛けたばかりの若手も含まれている。これにより、制作体制の安定と新しい企画への挑戦を両立させる戦略が見て取れる。

数多くのドラマを制作してきたサムファァの代表作として、真っ先に挙げられるのが『浪漫ドクター キム・サブ』である。その理由は、地上波テレビドラマとして初めて「シーズン3」を達成した点にある。日本では『相棒』や『科捜研の女』のように、1シーズン終了後も続編が期待されるテレビドラマシリーズが一般的だ。しかし、韓国では地上波テレビ局がシーズンを継続する例は稀で、多くはケーブル局や近年のグローバルOTTプラットフォームのオリジナル作品がシーズン制を採用している。そのような環境の中で、原作のないオリジナルストーリーとして制作された『浪漫ドクター キム・サブ』は、高視聴率を維持し続け、シリーズ形式の魅力を最大限に活用した。視聴者に次回作への期待感を持たせるだけでなく、キャラクターの成長や変化を巧みに描き、他に類を見ない独自の地位を築いた作品である。

韓国初の独立ドラマ制作会社として、地上波テレビ局初のシーズンドラマを生み出したサムファは、流通事業においても多様な試みに挑戦してきた。その中でも、海外共同制作をいち早く取り入れた点が特徴的である。２００６年には中国の上海東方メディア有限公司（ＳＭＧ）と共同で20話のドラマ『Lost Way』を制作。幹部に昇進した夫が、女医として成功した妻を裏切り、部下との不倫に陥ったことで生じる葛藤を描いたこの作品は、韓流ドラマに対する中国の規制を共同制作の形で突破しようという狙いがあった[4]。

この取り組みは中国にとどまらず、日本との合作へと発展した。サムファはテレビ朝日と共同投資し、日本の脚本家が脚本を担当し、韓国が演出を手掛ける形で、1作品当たり

4　ドラマ『Lost way』 http://www.shnetworks.co.kr/05_portfolio/portfolio_view29.html（２０２４年12月10日閲覧）

2時間の日韓合作ドラマ「テレシネマ」全7本を制作した。

「テレシネマ7」は、それぞれが独立したストーリーを持ち、「劇場とテレビで楽しめる作品」という意味を込めた名称である。このプロジェクトは、日本ドラマ『白い巨塔』の脚本家井上由美子や、韓国ドラマ『天国の階段』のイ・ジャンス監督、『ホテリアー』のチャン・ヤンウ監督が参加した。これらの作品は日韓両国の劇場で公開された後、各国の地上波テレビでも放送され、広く注目を集めた[5]。2007年に始まり、2009年には韓国、2010年には日本で公開された「テレシネマ7」の7作品が成功か失敗かを論じる以前に、率先してこのプロジェクトを推進したサムファアの故シン・ヒョンテク会長のコメントは忘れられない。

「良質なドラマを作るためには、アジアの投資家を引き入れて共同制作し、各国に配給するシステムを整備しなければなりません。その過程で韓国がドラマ制作のハブとなることで、韓流がさらに成長するのです。テレシネマも、繊細な日本の作家と興味深い演出を得意とする韓国の監督が結びつくことで、相乗効果を生み出すことを目指しました」[6]

シン会長は、韓流の成長の鍵として、アジア各地の文化や大衆の好みを反映したコンテンツを制作する「現地化戦略」を挙げていた。この戦略を通じて共同投資や先行販売を実現することで、安定したドラマ制作環境を確保できると考えていた。

こうした発想は、彼の活動の軌跡を見れば明らかだ。2004年に「アジア文化産業交流財団（現・韓国国際文化交流振興院）」を設立し、「アジアの共同価値の実現」と「アジア文化共同体の実践」を掲げた。

その後も、「韓国ドラマ制作社協会」の会長を務め、外部制作会社の権益保護と韓国ドラマ市場全般の発展に尽力した。また、「大衆文化芸術産業総連合会」の会長、「韓流政策諮問委員会」副委員長、「韓国音盤協会」会長など、数多くの要職を歴任し、韓流の世界化を推進した。さらに、「アジア・ソング・フェスティバル」や「アジアテレビドラマカンファレンス」を成功に導き、アジア全体の文化交流の場を創出した功績は特筆に値する。

彼が口癖のように叫んでいた言葉が今も鮮明に思い出される。「韓国をアジアのハリウッドにする」「制作会社は放送局の下請けではない。文化に対する責任感を持つ堂々たる

5　テレシネマ7　https://ja.wikipedia.org/wiki/%E3%83%86%E3%83%AC%E3%82%B7%E3%83%8D%E3%83%9E7（2024年12月10日閲覧）

6　東亜日報「【招待席】ドラマ制作会社「サムファネットワークス」のシン・ヒョンテク会長」https://www.donga.com/news/article/all/20090624/8747513/1（2024年12月11日閲覧）

生産主体だ」。その信念に基づき、彼は韓国ドラマ界の「ミダスの手」と称され、アジア経済圏を文化産業の中心とするビジョンを抱いていた。特に日本との協業や、クリエイター同士の交流を重視する姿勢は、15年、20年を経た現在の状況を先見していたといえる。

『愛の不時着』、『となりのMr.パーフェクト』 スタジオドラゴン

「あなたは私の生きている黒歴史だ」「私はあなたの生きている黒歴史だ」

これは、2024年8月に韓国のケーブルテレビとネットフリックスで同時公開されたドラマ『となりのMr.パーフェクト』のキャッチコピーである。誰にでも振り返るのが恥ずかしい過去の一つや二つはあるもの。思い出したくはないけれど、そんな過去があるからこそ今の自分がある――そんなメッセージが込められている。

『となりのMr.パーフェクト』は、人生を再起させるために帰国した女性と、幼馴染である建築家が織り成すロマンティック・コメディである。この作品の世界観をより深く楽しめるPOP-UP STOREが、2024年12月に東京・渋谷を皮切りにオープンした。この巡回イベントは大阪、名古屋を経て、2025年3月に再び東京に戻る予定である[7]。

図5-1 「となりのMr. パーフェクト POP-UP STORE in JAPAN」
様子（筆者撮影）

なお、このイベントは日本での開催に先駆けて、ソウルと台湾でも行われた。訪れるファンたちは、ドラマの設定やキャラクターに触れることができる体験型の空間で、『となりのMr.パーフェクト』の魅力を存分に堪能できるようになっている。

今回のイベントが開催された背景には、『となりのMr.パーフェクト』がネットフリックスのグローバルTOP10 TV（非英語）部門で11週連続ランクインし、累積視聴時間3億4020万時間を記録するという大成功があった。さらに、日本では7週にわたってTOP10 TVにランクインし、多くのドラマファンからのリクエストを受けて実現したものである[8]。

本作を手掛けた制作会社「スタジオドラゴン」は、『愛の不時着』、『ザ・グローリー〜輝かしき復讐〜』、『トッケビ〜君がくれた愛しい日々〜』、『ヴィンチェンツォ』、『ボイス』、『サイコだけど大丈夫』など、数々の高品質なヒット作を生み出し、韓流ドラマブームの新時代を牽引している。

スタジオドラゴンは、2010年にCJ ENMのドラマ事業としてスタートし、2016年に「スタジオシステム」を設立、翌年の2017年に上場した。グローバルプレミアムIPとして254本（3984エピソード）の作品を保有し、8つのドラマスタジオを傘下に持つほか、韓国のトップクラスの脚本家や監督、プロデューサーが所属している。年間約25本のドラマを制作し、その作品は２００か国以上に流通するなど、短期間で大きな成長を遂げた[9]。

この急成長の背景には、大手メディア企業ＣＪ ＥＮＭの後押しがあるのはもちろんだが、それだけではない。２０１８年、韓国コンテンツ振興院日本ビジネスセンターが企画・運営した「２０１９韓日コンテンツビジネスフォーラム」で登壇したスタジオドラゴンの企画チーム長だったソン・ジンソン氏はこう語った。「良質で独創的なコンテンツを作るために、韓国トップクラスの脚本家や演出家１００名以上と契約し、日夜新たなドラマ作りと企画開発に励んでいます[10]」

7　となりのMr. パーフェクト POP-UP STORE in JAPAN が渋谷にて大好評開催中！ https://prtimes.jp/main/html/rd/p/000000302.000089615.html　（２０２４年12月16日閲覧）
8　CJ ニュースルーム https://cjnews.cj.net/ 엄마친구아들 - 글로벌 - 인기 - 힘입어 - 해외 - 팝업스토어/　（２０２４年12月15日閲覧）
9　スタジオドラゴンＨＰ　https://www.studiodragon.net/ko/　（２０２４年12月15日閲覧）
10　Yahoo! ニュース「韓流ドラマもウェブ漫画も『ストーリー』の時代へ。日韓コンテンツ・ビジネス最前線はいま」https://news.yahoo.co.jp/expert/articles/0d2a46708d6aeb80aa4b192aa4a410d9b6b2fa73　（２０２４年12月15日閲覧）

また、スタジオドラゴンは、いち早くドラマの権利を確保し、自ら企画開発を行う「スタジオシステム」を採用。これにより、ドラマ関連の展示会やミュージカルなど、国内外で多角的な展開が可能になっている。企画力の底力は、276人のクリエイターと共に現在150本以上のドラマプロジェクトを進行している点に表れている[11]。

「独創的なWell-Made IPを創出するプレミアムストーリーテラーグループ」をビジョンに掲げ、「無限の物語で世界中を魅了する」ことをミッションとするスタジオドラゴン。彼らは韓国ドラマ産業の発展にとどまらず、業界リーダーとして社会的責任を果たし、持続可能性を組み込んだビジネスモデルの模範を示している。

2024年7月に公開された「Sustainability Report」では、DEIの推進、人権および多様性の尊重、制作環境の安全管理、メディア・コンテンツ規制の遵守、倫理経営の強化など、ドラマスタジオにふさわしい主要な持続可能性の課題が取り上げられている[12]。報告書では、コンテンツを通じたDEI（多様性、公平性、包容性）の推進に向けた取り組みも紹介された。その一例として、2023年にスタジオドラゴンが制作したドラマの主演キャラクターを分析した結果、『無人島のディーバ』や『有益な詐欺』など、女性が主演または共同主演を務めた作品が全体の51・7%を占めていた。さらに、2023年12

月末時点でのスタジオドラゴンの制作陣における女性クリエイターの比率は58・8%に達しており、コンテンツ制作の過程でも性別の多様性が均等に確保されていることが明らかになっている。

スタジオドラゴンが制作したドラマの51・7%が、女性を主演または共同主演に据えた作品であるという事実は驚くべきものである。これらのドラマは200か国以上で流通しており、世界的なヒット作が生まれるたびに、韓国ドラマに描かれる女性像が注目を集めてきたといえるだろう。

日本でも特に人気を博した『愛の不時着』のユン・セリや、スタジオドラゴン制作ではなく次項で述べるSLLが制作した『梨泰院クラス』のチョ・イソは、成功した起業家であり、賢く野心的な女性キャラクターとして描かれている。彼女たちの姿は、キャリアを積む女性や困難に立ち向かい成功をつかむ女性たちの共感を呼び、多くの視聴者の心をつかんだ。さらに最近では、女性キャラクター同士の友情や連帯を描いた作品が増加してい

11　スタジオドラゴンHP https://www.studiodragon.net/ko/about/company/（2024年12月15日閲覧）
12　Sustainability Report　https://www.studiodragon.net/ko/sustainability/report/（2024年12月16日閲覧）

る。単なる恋愛ドラマにとどまらず、女性同士の絆や成長に焦点を当てたストーリーが高く評価されており、代表作として『私の解放日誌』（これもＳＬＬ制作）や『39歳』が挙げられる。

また、現代社会が抱える性別格差や女性差別の問題がドラマの中でリアルに描かれることも珍しくない。女性が社会的圧力や偏見と闘う姿は、現代社会の問題意識を反映するとともに、視聴者に深い共感と考えるきっかけを与える。こうしたドラマは、社会問題を表面化させ、公論化する役割を果たす点で、非常に重要なメディアといえるだろう。

多くの人々に視聴され、多くの収益を上げ、ヒット作品を次々と生み出す――これがドラマ制作会社の理想的な姿であるかもしれない。しかし、スタジオドラゴンはそれだけにとどまらない。グローバルＫ‐ドラマの影響力拡大における主導的なリーダーとして社会的責任を果たし、持続可能性を組み込んだビジネスモデルを牽引することが期待される。

『梨泰院クラス』、『私の解放日誌』　ＳＬＬ

２０２０年、全世界を一変させた出来事といえば、ＣＯＶＩＤ－19の拡散である。人々の行動が制限され、ライフスタイルが大きく変わったと言っても過言ではない。誰かと会って話すこともままならず、ほとんどの人が自宅でパソコンに向かいリモートワークを余儀なくされた。そのような時期に、多くの人々を最も楽しませ、癒したのは、ドラマや映画といった映像コンテンツだった。

その時期、韓国コンテンツが再び世界から注目を集め、日本では「第４次韓流ブーム」が巻き起こった。映画業界では、ポン・ジュノ監督の『パラサイト 半地下の家族』がアカデミー賞で４冠を達成し、その人気が続いていた。一方、ドラマ業界では、インターネット配信プラットフォームを通じて全世界に届けられた韓国ドラマが話題となり、ホームエンターテインメントに欠かせない存在となった。

その話題のドラマの一つが『梨泰院クラス』である。ウェブトゥーン『梨泰院クラス』を原作として制作され、漫画の物語と映像が融合したことで、躍動感あふれる作品として注目を集めた。最終話は初回の３倍となる16・5％の視聴率を記録し、大きな話題を呼んだ。その人気は日本にも波及し、『六本木クラス』としてローカライズされた。ウェブトゥーンに加え、２０２２年には「日韓共同プロジェクト」としてドラマまで制作されるほどの関心を持たれた。韓国ドラマで印象的だった主題歌も日本でカバーされ、一つのストーリーの世界観が日韓を行き来するかのような体験を提供した。

そもそも韓国ドラマは、原作のないオリジナルストーリーで勝負することが多い傾向があった。しかし、『梨泰院クラス』は原作を再構成する可能性を改めて示し、その点でも高い評価を得た。この作品を手掛けたのは、制作会社「SLL」(STORIES, LEAD, LIFE、以下SLL)である。

SLLは1999年9月、中央日報のインターネットサービスを運営する「CYBER中央」として設立された。その後、2007年5月にコンテンツ制作会社「ドラマハウス」を設立し、ドラマの受注制作事業を本格的に開始した。

その2年後、韓国国内のメディア産業で大きな変化が起きた。2009年、韓国では新聞法と放送法の改正案が成立し、新聞社による放送局の兼業が可能となった。さらに、メディア関連法の改正により、総合編成チャンネル(報道、教養、娯楽など多様な放送分野を調和させた番組編成を行うチャンネル)の導入が実現した。それに従い、2010年には、総合編成チャンネルの運営事業者として中央日報、朝鮮日報、東亜日報、毎日経済新聞の4社が選定され、2011年にそれぞれ開局したのが、JTBC(中央日報)、チャンネルA(東亜日報)、TV CHOSUN(朝鮮日報)、MBN(毎日経済新聞)の4つのチャンネルである。

２０１１年6月、ＳＬＬの前身会社はＪＴＢＣの開局を控え、「ジェイキューブインタラクティブ」に社名を変更。同年12月には、ＪＴＢＣコンテンツの流通を担当する「ジェイコンテンツハブ」を設立し、現在のＳＬＬに近い形を整えた。その後、２０１３年には「ドラマハウス」と合併し、本格的にドラマ制作および放送事業へと進出した。

２０１６年には「ＪＴＢＣコンテンツハブ」、２０２０年には「ＪＴＢＣスタジオ」へと社名を変更し、コンテンツの企画・開発、制作、投資、流通を体系的に行うスタジオ体制を構築した。そして、２０２２年には「ＳＬＬ」へと生まれ変わり、グローバルメジャースタジオを目指す新たな第一歩を踏み出した。

ＳＬＬの特徴は、総合編成チャンネルであるＪＴＢＣとの安定した流通連携に加え、大手新聞社のバックアップにとどまらず、多数の競争力ある制作会社やレーベルと協力し、制作力を強化してコンテンツの新たな地平を切り開いている点にある。

その一つが「協業強化」である。２０２３年8月時点で、ＳＬＬは12のレーベルと提携し、２０９人のクリエイターとともに３８２作品を生み出している。それぞれのレーベルにはＳＬＬが20％以上の持分を保有しており、プラットフォームやフォーマットにとらわれない柔軟な制作体制を実現している。国内外の優れたクリエイターたちと協力し、完成度と話題性の高い作品を生み出し続け、コンテンツトレンドをリードすることを目指している[13]。

このような体制を整えたことで、テレビドラマの枠を超えた大作が次々とヒットを生んでいる。その一例が『今、私たちの学校は…』である。突然ゾンビウイルスが蔓延した高校に閉じ込められた生徒たちが、生き残るために力を合わせて戦う物語は、ネットフリックスで非英語部門5週連続1位を記録した。また、南米スリナムでビジネスを始めた起業家が麻薬組織の摘発に挑む韓国国家情報院の作戦に巻き込まれるストーリー『ナルコの神』も、ネットフリックス公開から4日目に1位を達成した。さらに、東南アジアで「カジノ王」として名を馳せた男の波乱万丈な人生を描く実話ベースのクライム超大作『カジノ』や、岩明均の漫画『寄生獣』をドラマ化した『寄生獣―ザ・グレイ―』も話題となった。

SLLは、新規株式公開（IPO）を推進していることでも知られる[14]。遅くとも2026年3月までの上場を目指しており、ビジネス全体の改善に注力している。既存のドラマ制作スタジオ事業だけでなく、芸能や音楽も含めた「総合コンテンツの知的財産（IP）事業者」としてのポジション確立を目標としており、「第2のCJ ENM」を目指している。

その一環として、初めて音楽事業に進出した。ＳＬＬは、ＹＧエンターテインメントの子会社であるＹＧプラスと提携し、新たな音楽レーベル「アンコア（UNCORE）」を設立。このレーベルでは、音楽コンテンツ制作、パフォーマンス企画、音源およびアルバム流通を主な事業とする。ＹＧプラスはグローバルファンダムの拡大や国内外での体系的な活動を支援し、協力する予定だ。

最初のアーティストとして、２０２４年10月から始まったＪＴＢＣで放送中のサバイバルオーディション番組『プロジェクト７（ＰＲＯＪＥＣＴ ７）』の最終選抜メンバーたちをデビューさせる計画である[15]。２０２５年上半期からマネジメント活動を開始し、音源、アルバム、公演、そしてＩＰに至るまで活動の幅を広げる予定だという。

海外展開も活発で、最近ＳＬＬが制作したドラマがさまざまな国でリメイクされ、注目

13　ＳＬＬ ＨＰ　https://www.sll.co.kr/（２０２４年12月13日閲覧）
14　電子新聞「『IPO に挑戦』ＳＬＬ、音楽市場進出の準備と体質改善の速度」https://www.etnews.com/20241114000226（２０２４年12月13日閲覧）
15　プロジェクト７　https://project7.kr/jp/（２０２４年12月13日閲覧）

を集めている。財閥オーナー一家のリスク管理を担当する秘書が、ある日突然財閥の末息子として生まれ変わり、再び人生を歩むことになるファンタジードラマ『財閥家の末息子～Reborn Rich』はタイでリメイクされる予定だ。また、先天的な怪力を持って生まれたト・ボンスンが繰り広げる活躍とロマンスを描いた『力の強い女 ト・ボンスン』はマレーシアで、さらに『医師チャ・ジョンスク』はトルコで、そして『ミスティ～愛の真実～』は中東でリメイクされることが決定している。日本においても、SLL制作の作品は引き続き注目を集めており、『スカイキャッスル』、『わかっていても』、『怪物』といったリメイク版が続いている。

2021年にはアメリカの制作会社Wiip(『メア・オブ・イーストタウン/ある殺人事件の真実』などを制作)を買収し、ハリウッド進出を狙い、イギリス、アイルランド、オランダなどヨーロッパ地域で韓国コンテンツをより便利に視聴できるように、楽天TV(Rakuten TV)の新規FASTチャンネル「ロムコムK-ドラマ(ROMCOM K-Drama)」にドラマを提供している。

SLL代表取締役のチョン・ギョンムン氏は、2024年6月に開催されたセミナーで次のような見解を示した。文化的割引率が低く、参入障壁が相対的に低い新興国市場をターゲットとしたオーダーメード型戦略の必要性を強調し、さらにＡＩ技術を活用した短編映画などの実験的コンテンツの登場が、今後の話題性を生む可能性を指摘した。しかし、一方で、これらの新しい取り組みにおいては、明確な収益モデルが確立されていない現状が課題となっており、業界の主流となるには限界があると述べた。

『キングダム』、『ウ・ヨンウ弁護士は天才肌』　A Story

２０１９年１月、世界を驚かせた一本のドラマがある。韓国発のゾンビドラマ『キングダム』は、脚本家キム・ウニ氏によるウェブトゥーンデビュー作『神の国』を原作に制作された。『神の国』は２０１５年にウェブトゥーンで連載を開始した作品である。ゾンビという特異なテーマと特殊効果を要する制作上の課題から、制作費の確保が難しいと判断したキム氏は、まずウェブトゥーンでのデビューを選んだ。全12話と短い構成ながら、ストーリーの面白さで注目を集めた。

その2年後の２０１７年に『神の国』のドラマ化が決定。そして２０１９年、ネットフリックスで配信がスタートし、世界視聴ランキング2位にランクインするなど大きな話題を呼び、韓国ドラマの代表作の一つとなった。2020年にはシーズン2が開始され、さらに映画化など、新たな展開が次々と広がっていった。

ネットフリックスのオリジナルとして韓国ドラマ初だった『キングダム』を手掛けたのは、2004年に設立された制作会社「A Story」である。2023年までに約45作品を制作し、日本の電通や中国のテンセントなど海外パートナーとの連携を重視しながら成長を遂げてきた。2019年の上場のきっかけとなったのも『キングダム』だが、その1年前からドラマIPの確保に力を入れ、事業基盤の強化とビジネスの拡大を図っていた。例えば、『私たちが出会った奇跡』を日本で展開するため、社長が来日するなど、積極的な取り組みを見せていた。

執筆のために訪韓した際、「2024 A Story若手作家デビュープログラム」の公募が終了したばかりだった。このプログラムは、A Storyが2021年から独自に開始したもので、形式やジャンルを問わず長編・短編を対象に、公募で選ばれた作家に対して半年間のストーリー開発支援を提供する。具体的には、メンタリング、取材や諮問の支援、さらに月200万ウォンの創作支援金が支給される。この育成プログラムには2024年に約400作品の応募があり、その中から6作品が選出された[16]。

A Storyのチェ・ムンソク制作総括本部長は、「Kコンテンツの国際的地位が高まる中、さらなる発展には競争力のあるストーリーが不可欠です。若手作家の斬新なアイデアはコンテンツ全般の多様性を広げ、Kコンテンツの土台を強固にする重要な役割を担います」と述べ、若手作家を支援する意義を語った[17]。

A Storyは、『キングダム』や『ウ・ヨンウ弁護士は天才肌』といった作品を通じて世界的な注目を集めてきた。特に『ウ・ヨンウ弁護士は天才肌』は、ネットフリックスの非英語圏グローバルランキングで1位を9回記録し、トップ10にも22週連続でランクインした。この作品を手掛けた脚本家ムン・ジウォン氏（１９８２年生）は、A Story所属の若手クリエイターの一人として期待されている。

ドラマ産業の成長と拡大には、優れたストーリー開発が不可欠だ。A Storyは若手脚本家の奇抜な発想を支援し、ドラマ制作にとどまらず、新たな分野への挑戦も続けている。

16　「2024 A Story 若手作家デビュープログラム募集公告」　https://astory.co.kr/announcement/?uid=958&mod=document&pageid=1　（２０２４年12月12日閲覧）

17　日刊スポーツ「[ビルドアップコリア] A Storyのチェ・ムンソク制作本部長『台本だけ1年間で４万ページを読みます』」　https://isplus.com/article/view/isp202409120025　（２０２４年12月12日閲覧）

韓国の制作会社にとって、ドラマIP（知的財産）の保有とその活用、新たなビジネス領域の拡大が課題となる中、A StoryはAIやメタバースといった先端技術への挑戦を進めている。

２０２４年11月に開催された「２０２４年グローバルコンテンツフェスティバル in 順天」では、『ウ・ヨンウ弁護士は天才肌』や『誘拐の日』、『クラッシュ 交通犯罪捜査チーム』のＩＰを活用し、ＡＩ技術による公式広報映像を制作した[18]。映像には、それぞれの主人公が順天の名所を楽しむ姿が描かれており、実在する地域をＡＩアニメーションで具現化するという斬新なアプローチが話題を集めた。

さらに、同年9月にはカナダ・トロントで開催された「The Oulim」に参加。ザ・サンドボックス（The Sandbox）とのパートナーシップを通じて、ドラマの背景やキャラクターをデジタル形式で再現し、ユーザーがストーリーを再構成できる新しい体験を提供した。プレイヤーの選択で物語が変化する仕組みにより、既存ファンだけでなく新規ユーザーにもアピールした[19]。

「最も革新的なグローバルコンテンツスタジオ」というビジョンのもと、A Storyは「SUPER IP & TENTPOLE」「GLOBAL ALLIANCE」「SUSTAINABLE GROWTH」「IP拡

張とNEW BIZ」という４つの戦略を掲げている。楽しさと感動を超え、全世界の人々に影響を与える取り組みが今後さらに期待される。

コラム　『コッソンビ 二花院の秘密』アポロピクチャーズ代表イ・ミジ氏に聞く！

２０２３年７月からＮＨＫ ＢＳプレミアムとＮＨＫ ＢＳ４Ｋで放映した時代劇『コッソンビ 二花院の秘密』は、科挙を受験するソンビのための宿屋「二花院（イファウォン）」の主人と下宿生の３人がともに織り成す、さわやかで不埒なミステリー密着ロマンスの作品である。注目の若手スター４人が勢ぞろいしていることも話題になり、韓国でも若者の

18　「2024グローバルコンテンツフェスティバルin順天」公式広報映像
https://www.youtube.com/watch?v=S_OUmxZnxjk　（２０２４年12月12日閲覧）

19　ＪＴＢＣ ＮＥＷＳ「A-Story、『ウ・ヨンウ』『クラッシュ』ＩＰ基盤メタバース試み」
https://news.jtbc.co.kr/article/NB12214571　（２０２４年12月12日閲覧）

視聴者から好評を得られた。このドラマを作り上げた制作会社「アポロピクチャーズ」の代表イ・ミジ氏を訪ねて韓国のドラマ制作会社の現状と課題について伺った。

【代表作品】
２０１１年『サイン』
２０１４年『LIAR GAME ～ライアーゲーム～』
２０１６年『魔女宝鑑～ホジュン、若き日の恋～』
２０１９年『絶対彼氏。』
２０２３年『コッソンビ 二花院の秘密』

黄：最近、御社が制作されたドラマ『コッソンビ 二花院の秘密』が日本のＮＨＫ ＢＳで放送を終えましたが、日本での視聴者の反応についてお聞きになりましたか？

イ：ＮＨＫでの放送が本作の日本初公開というわけではなく、先行してアマゾンプライムで配信が開始されていました。その後、２か月間のホールドバック期間を経てＮＨＫで放送される運びとなりました。主人公の４人は日本の視聴者にとって馴染みが薄いかもしれませんが、それでも青春史劇というジャンルにおいて高い評価を得たようです。なお、本作は２０２０年５月にＮＨＫで放送された『１００日の郎君様』に続く形で放送され、久しぶりの韓国ドラマとして注目を集めました。また、ＮＨＫの方々とプロモーションでコラボレーションできたことは非常に有意義な経験でした。

黄：貴社が制作した『サイン』が２０１９年にテレビ朝日でリメイクもされました。時代劇から医学、心理推理、ロマンティック・コメディまで、幅広いジャンルのドラマ制作を手掛けていますが、ドラマを企画する際に最も重視している点は何ですか？

イ：私たちは素材性に特に気を配っています。素材そのものがドラマでどのように見られるのか、またその独自性や拡張性をどう表現できるかを重視しています。例えば『サイン』では、国立科学捜査研究院という、日本では馴染みのない機関をテーマに選びました。警察医のような一般的な設定ではなく、この機関を通して描くことで新鮮な視点を提供できると考えたからです。メイン事件としては、かつて実際に起こった歌手キム・ソンジェさんの残念な死を題材にしました。この事件は今でも注目されているものの、映像作品で深く掘り下げられることは少なく、だからこそ挑戦する価値があると判断しました。

また、現在準備中の『保護者たち（仮）』も同様に、あまり注目されていない保護観察官をテーマにしています。この職業自体、犯罪者を更生させる重要な役割を担っていますが、多くの人が「犯罪者を扱うだけ」といった先入観を持っているのが現状です。そのため、保護観察官の仕事を総合病院のように多面的に描きつつ、彼らの葛藤や人間味をリアルに表現することを目指しています。

斬新な素材とそれを発展させるストーリー性を追求することが、私たちのドラマ制作の核です。例えば、日本の人気漫画『ライアーゲーム』を韓国版にリメイクした際も、原作にはない韓国独自のゲーム要素を加えました。この作品は、金銭や心理にまつわる人間の深層をトーナメント形式のゲームを通じて描くもので、これが後に『イカゲーム』のような作品にも影響を与えたと考えています。

黄：ドラマ制作において、他の制作会社との差別化ポイントは何でしょうか？

イ：若手脚本家との協業を積極的に行っています。もちろん既存の経験豊富なベテラン脚本家とも協力しますが、若手脚本家にも多くのチャンスを提供し、一緒に企画を進めるのが特徴です。脚本家たちもこのような協業を楽しんでおり、これが他社と異なる点だと思います。

具体的には、台本の段階から企画会議を行い、プロデューサーや脚本家たち全員が一丸となって制作に取り組む体制を整えています。企画と制作を分離せず、一貫したシステムで進めるのが特徴です。私自身もこのシステムの中で経験を積み、企画と制作の両方に携わりながら学んできました。

例えば、台本が完成すると、プロデューサー全員が参加する会議を開きます。それぞれの視点や解釈が異なるため、意見を共有しながらトレンドや時代の流れを考慮して内容をブラッシュアップします。このように、企画段階から全員で深く関わるのが私たちの制作スタイルです。

また、プロジェクトごとに担当プロデューサーを割り振る一方で、重要な会議では関係者全員が集まり、意見を出し合う場を設けています。これにより、多角的な視点を取り入れた作品作りが可能となっています。

黄：韓国のドラマ制作会社が特に力を入れているのはＩＰ（知的財産）の開発だと思いますが、いかがですか？

イ：おっしゃる通り、ＩＰ開発は非常に重要な要素です。わが社では、企画段階から制作企画を分離せず、一体となって進めています。その中で、ＩＰ開発については多くを現場の実務プロデューサーたちの裁量に任せています。優れたＩＰであるかどうかは段階的に判断します。まずプロデューサーたちが候補を見極め、それが競争力のあるＩＰだと認められれば、最終的に私が判断し、方向性を決定します。選んだＩＰが注目され、成功を収めている理由の一つは、この厳選されたプロセスと、全員でアイデアを共有しながら開発を進める体制にあると思います。

また、ＩＰを選定する際には大衆性を重視しています。どれだけ独創的であっても、多くの人に受け入れられる可能性が高いＩＰでなければ成功は難しいと考えています。この大衆性を確保することが、私たちのＩＰ開発における最大のポイントです。そのため、ＩＰ選定においては非常に意欲的に取り組んでいます。

黄：韓国のドラマ制作会社は最近、スタジオシステムを導入していますね。放送局（またはメディアプラットフォーム）にとらわれず、企画力やIPビジネスを重視し、さまざまな形で事業展開を行う点が日本と異なると思います。このスタジオシステムについてどうお考えですか？

イ：スタジオシステムはとても興味深いですが、同時に難しい側面もあります。この仕組みは日本ではまだ新しい概念です。韓国では、制作会社が自立性を確保し成長するための重要なステップと考えられていますが、日本では下請け体制が多く、制作会社が権利を持たない状況が一般的です。そのため、ビジネスとしての感覚やIPを活用した事業展開がまだ十分に発展していない印象があります。

私自身も学んできたのは、外注制作会社が再び活性化し始めた時期のシステムでした。現在は、制作だけでなく配給も含めた総合的なシステムを構築し、放送局との直接取引を行う仕組みが一般的になっています。このシステムには徐々に慣れてきましたが、それでもドラマ制作は一種の「手作り」のようなものだと思います。

機械的に生産されるものではなく、一つひとつの作品に汗を注ぎ、最初から最後まで丹念に作り上げる過程が重要です。私たちは100の工程があるとすれば、そのすべてに自分の手が関わっていると考えるべきです。そのような手作業的な要素があるからこそ、制作に対する誇りを感じますし、作品が放送され、評価が出た時には大きなやりがいを感じます。

黄：2010年に設立され、14年間運営してこられましたが、今後どのような会社を目指していきたいとお考えですか？

イ：この質問は少し難しいですが、正直に言えば、資金にとらわれず、純粋に制作に集中できる環境を作ることが私の目標です。現状では、制作費や資金の調達に頭を悩ませざるを得ません。しかし、「資金を心配せずに制作できる制作会社は存在するのか？」という問いが頭に浮かぶのも事実です。それでも、制作だけに全力を注げる環境を構築したいという願望は強く持っています。

また、私はさまざまなコラボレーションを積極的に行いたいと考えています。例えば、『ライアーゲーム』の場合、集英社から権利を取得し、制作を進めました。同様に、他のＩＰも購入して制作してきましたが、近年では自ら開発した作品を逆輸出する形で、ＩＰが小説や漫画として再び海外市場に出ていく可能性も出てきています。このような企画開発のステップにも力を入れています。

今後は、海外とのコラボレーションにもさらに注力していきたいと思います。以前よりも韓国のコンテンツ制作能力が高く評価されるようになり、アメリカ、日本、イギリスなどとの共同制作にも大きな可能性が広がっています。各国との協力を深め、グローバルな制作会社へと成長させていきたいと考えています。

黄：小説『記憶書店　殺人者を待つ空間』は御社が権利を持ち、日本で講談社から出版されました。この作品は、将来的に映像化される可能性はありますか？

イ：実は、この作品は２０２４年釜山国際映画祭の際に行われたＩＰピッチングで選ばれました。すでに映像化の準備は整っており、現在は日本での投資を受ける方法や、コラボレーションの可能性を模索しています。日本版として制作することもできるし、韓国版として展開することも視野に入れています。

この作品の構造はとてもユニークで新鮮だと思いました。特に、日本が「書店」という空間を深く解釈し、大切にする文化には非常に感銘を受けました。日本側とミーティング後に古本屋街を歩いた際、そのアナログ感や独特の香り、さらには近くにあった花屋の雰囲気がとても素敵で、日本ならではの感性を強く感じました。

この作品を日本で「ビブリオスリラー」（書物をテーマにしたスリラー）として展開するのは非常に魅力的な挑戦だと考えています。現在もさらにピッチングを重ねながら、どのようにこのIPを活かし、映像化につなげるかを検討しています。

黄：韓国国内のドラマ市場が非常に厳しい状況にあると伺っています。地上波ドラマの編成が減少したことに、制作費や視聴率の問題が影響しているのでしょうか？

イ：これはあくまで私個人の考えですが、ドラマ、バラエティー、教養番組、報道といったテレビコンテンツの役割や視聴スタイルが、メディアの進化によって大きく変化したことが要因の一つだと思います。昔は「この時間帯に放送される番組を見なければならない」

というような、視聴に関する〝マスト条件〟がありました。しかし、今ではＯＴＴ（動画配信サービス）の登場によって、視聴者に多くの選択肢が生まれています。

実際、私の周囲の友人や一般の方々に聞いてみても、「時間を気にせずに視聴できる」という理由でＯＴＴを利用している人が多いです。一方で、限定されたプラットフォームで放送されるケースもあります。例えば、韓国ドラマ『YOUR HONOR～許されざる判事～』は、韓国の有料放送局ＥＮＡのみで放送されました。それでも、この作品が高い評価を得ているのは、原作の魅力と良質な制作によるものだと思います。こうした例は、地上波や特定のチャンネルでも、内容次第で一定の成功を収められる可能性を示しています。

ただし、韓国ドラマの全体的なクオリティが向上し、海外からも高く評価されている一方で、それを維持するためには制作環境やシステムの整備が必要です。高い制作コストに見合う収益を得られる仕組みを作ることが課題ですが、現時点ではまだ多くの困難が残っていると感じます。そのため、制作費を抑えながら高品質を維持するという課題に対して、さらに新しい方法を模索する必要があるのではないでしょうか。現実的な状況を踏まえた上で、どのような制作システムを構築するべきなのかが、今後の大きな課題となるでしょう。

黄：制作ビジネスのエコシステムに最も影響を与えるのは、プラットフォーム、つまり流通の仕組みだと思います。特に、グローバルOTTプラットフォームに依存しすぎている状況が問題ではないでしょうか？

イ：確かに、制作費の問題がある中で、ドラマの放送が叶わないと、高いコストで雇ったスタッフでも仕事を続ける環境が失われる現状があります。結果的に、これが制作エコシステムの扉を閉ざしてしまっています。そのため、好循環の構造を作る必要があると感じます。ですが、現状ではそうなっておらず、富める者がさらに富み、貧しい者がさらに貧しくなる「富益富、貧益貧」の構造に陥っています。俳優についても、トップ俳優を起用できなければ、海外での販売が困難な状況です。

この結果、国内OTTプラットフォームの活性化が重要な課題となっています。国内のOTTを活性化することは非常に重要だと思いますが、例えば、韓国国内のインターネット配信プラットフォーム、ウェーブ（Wavve）は2〜3年経過しても収益を上げられず、オリジナルコンテンツも制作できない状況です。需給も円滑ではなく、このままでは持続が難しいでしょう。ウォッチャ（WATCHA）やクパンプレイ（Coupang Play）のようなプラットフォームについても、方向性が不明確です。クパンプレイはアマゾンのように巨大な流通ネットワークを持っていますが、ライバルのLGユープラス（LG Uplus）との市場での競争が激化しています。さらに、CJ ENM傘下のティービング（Tving）とウェーブ（Wavve）が合併を模索していますが、果たしてこれが国内OTTの活性化にどう影響するのか、現時点では不透明です。

このような状況を乗り越えるためには、国内OTTが生き残るための政策を見直すことが必要です。しかし、そのための具体的な政策や支援が十分ではなく、将来の展望が見えにくいのが現状です。

黄：メディアの変化が非常に激しい中、今はお互いに助け合うべき時期なのでしょうか？

イ：そうですね。だからこそ、多様性が求められるべきだと思います。状況は厳しいですが、雨が過ぎた後に地が固まるように、私たちもその基盤を強くすることができるのではないでしょうか。

しかし、メディア業界が以前のように広がりを見せた時期と比べると、現在は縮小傾向にあるのも事実です。供給が増えた時期もありましたが、今ではその供給力も弱まっています。それでも、一部の力が再び広がり始めていると感じます。ただ、エンターテインメント自体が不安定な状態にあり、このような時期だからこそ業界全体で共生を目指すべきだと考えます。

昔は「出演料はいくら以上」といった基準がありましたが、今後は良い作品を作るために、出演料を柔軟に調整する姿勢も必要ではないでしょうか。優れた作品のために全員で協力し、業界全体の活性化を図るべきだと思います。

黄：日本の市場をどう見ていますか？

イ：私は2002年にこの仕事を始めた当初、日本市場について深く知る機会がありました。そのきっかけは、キム・ジョンハク監督が手掛けたドラマ『美しき日々』の日本配給を担当したことです。当時、『冬のソナタ』がNHKで放送終了直後のタイミングで、日本の視聴者の注目を集めていた時期でした。『美しき日々』を日本で展開する際、日本の独特な規定や作業プロセスを学びました。例えば、日本のランニングタイムの調整やサウンドの編集、さらには音源使用に関する厳しい著作権管理など、日本の市場は非常に細かい規則があり、ビジネスとして非常に最適化されていると感じました。その過程で、私は多くを学び、日本市場が私たちにとっても相互に助け合える可能性を持つ良い市場だと感じました。

しかし、現在は政治的な問題が文化交流に影響を与える場面があり、それに振り回されることも少なくありません。本来、文化と政治は分離されるべきです。文化は文化として尊重され、政治的な問題が文化コンテンツ産業に影響を与えるべきではないと強く思います。制作において、「左派ドラマ」や「右派ドラマ」を意識して作るわけではありません。むしろ、政治的な色彩を排除して純粋に文化の力で人々をつなげたいのです。

政治的な摩擦がなければ、日本と私たちはさらに良い関係を築けると信じています。それが私の切なる願いです。

黄：日本のドラマはよくご覧になっていますか？

イ：昔は本当によく見ていました。挑戦的でクリエイティブな内容が多く、微妙なロマンスの表現や独特な感性に魅了された記憶があります。ただ、最近は日本のドラマに触れる機会が減ってしまいました。

日本のコンテンツ全般について評価するのは難しいですが、日本には確かに独自のユニークな魅力があると思います。その魅力は、特有の感情表現や明確な表現力に表れています。ただ、その表現が視聴者の感情にどこまで深く響くのかについては、作品によって差があるように感じます。

一方で、韓国ドラマは特に感情面で強く、家族や友情、恋愛といった人間関係を深く描いています。それが韓国ドラマの最大の特徴であり、時に「シンパ（新派／日本でいう〝お涙頂戴〟的な意味）」ともいわれるように、人々の心に強く響く要素だと思います。この感情の波がうまく活用されることで、韓国ドラマが持つ強みがさらに発揮されているのではないでしょうか。

日本市場については、制作費がおそらく韓国よりも少ない状況にあると思いますが、だからこそ両国が協力してコラボレーションすることで、より良いコンテンツを生み出せる可能性があると思います。韓国と日本が互いに持つ強みを活かして、これからも一緒に成長できることを願っています。

黄：会社の成長と今後の韓国ドラマ市場の展望について一言お願いします。

イ：韓国ドラマは常に挑戦の連続でしたが、その成長を支えているのは、やはり「ストーリーの力」だと思います。笑いの中に涙を誘う感情の引き出し方が、本当に優れていると感じます。その結果、韓国ドラマはここまで成長し、今後もコラボレーションを通じてさらに発展していく可能性を秘めています。

わが社でも、多様なＩＰ（知的財産）を確保し、それをもとに制作しています。最近では、放送局も共同所有の概念に対して以前より柔軟になりつつあります。ＩＰを共有し、企画者やプロデューサーを尊重する枠組みを構築することで、業界全体がさらに成長できると信じています。

また、グローバルな視点で見ると、例えば日本では最近、韓国俳優が日本のメディカルドラマに出演するなど、新しい交流が生まれています。こうした国を超えたコンテンツ交流は、韓国と日本の両国にとって非常に価値があると思います。アメリカのドラマではイタリアやオーストラリアの俳優が普通に登場するように、韓国や日本でももっと多様性が広がるべきではないでしょうか。

特にCOVID－19で国境が閉ざされる状況を経験した後、私たちは国境を越えた協力の重要性を再認識しました。これからは、お互いの信頼関係を深め、共通のガイドラインを持つことで、より活発な交流を実現できると考えます。その枠組みが整えば、韓国ドラマ市場、そしてわが社もさらに大きな可能性を広げることができるでしょう。

第6章
韓国ドラマの未来像と人材育成

人材育成政策の最強の実行組織「韓国コンテンツ振興院」

「韓国コンテンツは国策で売れた」

今や世界的に評価される韓国発のコンテンツ産業、例えばドラマや映画、K－POPなどが、世界で受け入れられた背景として、しばしば国家戦略の重要性が語られる。しかし、それだけが理由ではない。どれほど立派な政策があっても、現場に届かなければ効果は発揮されない。その点で、韓国の文化政策が注目される理由は、「危機一髪」と「適材適所」という2つの言葉に集約されるだろう。

韓国の文化政策を牽引する文化体育観光部傘下の特殊法人「韓国コンテンツ振興院」(Korea Creative Content Agency、以下KOCCA)は、文化コンテンツ産業を次世代成長産業として育成する目的で2009年に設立された。その前身は2000年に設立された文化産業支援センターであり、その後、2002年の文化産業振興基本法に基づいて特殊法人化され、2009年に現在の形に再編された。KOCCAは、グローバルな文化コンテンツ産業への成長を目的とし、具体的な施策を実施する委託執行型の準政府機関として機能している。

2024年12月3日には、「コンテンツ産業の2024決算と2025展望」と題したセミナーが開催された。この年次イベントでは、当年度のコンテンツ市場の動向や成果を共有し、次年度の支援事業別計画や予算を発表する。特に注目されたのが、グローバル戦略「H.I.P」である。「H.I.P」とは、超現地化（Hyper-Localization）、IP関連産業（IP-Connected Industry）、海外販路開拓（Pioneer）の頭文字を取ったもので、これらを軸にグローバル市場を攻略するコンテンツ戦略を意味する。「超現地化を通じて各国の文化や消費者ニーズを深く理解し、コンテンツIPを中心に多様な産業と融合させ、新しい価値を創出する。そして中東、アフリカ、南米といった未開拓市場への進出により、グローバル市場での韓国コンテンツのプレゼンスを拡大する」とされている[1]。

この海外戦略を実行に移す役割を担うのが、KOCCAの各国に設置された海外ビジネスセンターである。私自身、2018年から2020年の約3年間、KOCCA日本ビジネスセンターのセンター長を務めた。韓流ブームの発信地とされる日本は、韓国文化やコ

1　「コンテンツ産業の2024決算と2025展望」https://www.kocca.kr/kocca/bbs/list/B0000180.do?menuNo=204164（2024年12月15日閲覧）

ンテンツへの関心が高く、最も重要な市場の一つだ。しかし、日本市場は自国のコンテンツ制作能力も非常に高いため、韓国コンテンツを一方的に押しつけるだけではなく、相互に共存し、ウィンウィンの関係を築く必要がある。そうした視点から、私は日韓協業の火付け役として、多角的なビジネスの創出に取り組み、双方の成長に貢献することを目指した。

このような経験を踏まえ、改めて韓国文化政策の特徴として挙げたいのが、「制作現場の基礎・基盤への投資」と「インキュベーション」の取り組みである。この2つの共通点は、「人を育てる」という点にある。いわば、種をまき、水をやるといった「基礎」の部分に重点的に資金を投じたことが特徴である。これは、結果として芽が出て花が咲き、実を結ぶかどうか分からないリスクの高い取り組みでもある。そのため、このような基盤整備を民間企業に任せるのは難しく、国家主導で進める必要があった。

KOCCAの数多くの支援事業の中で、特に注目すべきは「コンテンツ創意人材同伴事業」である。この事業は、2012年に開始され、これまでに3669人もの教育生を発掘・育成してきた、韓国を代表する人材養成プログラムである。毎年、コンテンツのジャンルを問わず実施されており、2024年には5月から7か月余りの期間、15のプラットトフォーム機関と協業して実施された。この期間中、150人の現場専門家（メンター）が約300人の創意教育生（メンティ）を対象に、集中メンタリングを行い、毎月150万ウォンの支援金も支給する。

さらに、この事業では、メンティの創作プロジェクトが事業化へとつながるようサポートしている。具体的には、映像やストーリー、公演、音楽、ゲームなど、各ジャンルのプラットフォーム機関と連携し、メンティのアイデアを現場で実現する仕組みを構築している。このような支援は、単なる教育にとどまらず、コンテンツ制作現場への即戦力を育成する実践的なプログラムとして、高い評価を得ている。

代表的な「創意人材同伴事業」の教育生としては、以下の人物が挙げられる。サスペンス・スリラー映画『破墓（パミョ）』の監督チャン・ジェヒョン氏、ドラマ『ウ・ヨンウ弁護士は天才肌』の脚本家ムン・ジウォン氏、ドラマ『ストーブリーグ』の脚本家イ・シンファ氏、ドラマ『未成年裁判』の脚本家キム・ミンソク氏、そしてドラマ『寄生獣－ザ・グレイ－』の俳優ク・ギョファン氏。これらのクリエイターは、政策による支援を受けて才能を開花させ、それぞれの分野で活躍している。

文化政策において最も重要なのは、未来を見据え、「人を育てる」、「産業をインキュベートする」ことだろう。現場で奮闘する人々を支え、形になりそうでまだ形になっていないものを具体化する手助けをすることが、政策の重要な役割である。また、若いクリエイターたちが作品を広めていける場を提供することも不可欠である。

さらに、政策として支援を提供する際は、内容への干渉を避けることが原則である。多様な考えを持つ創作者が、安心して創作活動に専念し、生活を支えられる環境を整えることが、文化政策の真髄であり、持続可能な産業基盤を築く鍵といえる。

歴史と伝統の登竜門「韓国放送作家協会教育院」

現在、韓国ドラマが世界的な注目を集めている背景には、脚本家たちの試行錯誤が存在する。そして、韓国ドラマの発展において脚本家の存在が欠かせないものであったことは、言うまでもない。韓国ドラマの進化の過程で、脚本家たちは多くの挫折や絶望を経験した。しかし、そうした経験を通じて新たな力を育む場となったのが、韓国放送作家協会教育院(以下、教育院)である[2]。

教育院は「歴史と伝統の放送作家の名門」というキャッチフレーズのもと、1988年から現在に至るまで、約2万4000人の脚本家や構成作家を輩出してきた。著者も韓国放送作家協会の会員であり、韓国のドラマ、ラジオ、そして非ドラマジャンルの多くの映像コンテンツが教育院出身者によって制作されていることをよく知っている。

教育院が第1期生を迎えたのは、1988年8月のことである。この時期に教育院を設立し、稼働させた理由について、韓国放送作家協会の事務局長キム・ジスク氏に伺った。キム氏は、1988年の韓国放送作家協会の設立と密接に関係していると述べている。

韓国放送作家協会の母体は、1957年に放送作家同士の親睦団体として始まった非公式の集まりであり、1964年に「韓国放送劇作家協会」として正式に創立された。そして、1988年4月に「韓国放送作家協会」として再編され、著作権信託管理業務を行う非営利社団法人として正式に許可を受けた。この時期が、現在に至る協会の事業や業務の基盤になったのである。しかし、当時はまだ「放送作家」という職業が一般的ではなく、特定化されていない時期でもあった。

一方で、1980年代はテレビ業界では、多くの映像制作が活発に行われていたが、専

2　韓国放送作家協会教育院HP　https://www.edu.ktrwa.or.kr

門的なスキルや知識を持つ放送作家が不足していたという。そこで、正式な放送作家の団体が設立され、著作権信託管理を担う組織が人材育成に取り組むべきだという意見が会員の間で多く出された。協会が正統性を持ち、中心になって人材育成を率先すべきだという考えがあった。

教育プログラムの整備にあたっては、日本の作家協会や連盟を訪ねてベンチマーキングを行い、他国の人材育成の取り組みを参考にしたという。当初、教育事業のための財源がなかったため、放送局や企業からスポンサーを集めて教室などの空間を確保し、それによって本格的に教育院の人材育成事業を開始することができた。

1期生の募集には1000名を超える志願者が集まり、多くの関心を呼んだ。その後しばらくの間、基礎クラスと研修クラスの2つを中心に教育が行われた。他の教育機関では技術的なスキルの習得が主とされるが、教育院では、こうした歴史や歩みを背景に、脚本家としての正統性、すなわち放送作家としての素養と目標意識を育むことが重視されている。体系的に学ぶためには、結局教育院を選択することが多い。

教育には、感性を豊かにするために知識を注入するパターンと、感性を引き出すパターンがあり、それぞれに特徴がある。教育院はどちらかといえば、感性を豊かにすることに

図 6-1　1988 年韓国放送作家協会教育院の発足の模様

写真提供：韓国放送作家協会教育院

重点を置き、作家の本質を守り続けながら、新しい発想を活かせるカリキュラムを常に工夫している。2024年3月に就任した第10代教育院長のチェ・ヒョンギョン氏（脚本家）も、1期生の出身である。彼女は、受講生の視点と脚本家の視点、両方をうまく活かすことで多くの考えを持ち、人文学、哲学、社会学などを基盤とした思考力と想像力を大切にしている。

教育院は、ドラマと非ドラマ（ラジオ、バラエティー、時事教養）に分けて年に2回募集を行う。「ドラマ脚本家コース」は、基礎・研修・専門・創作の4つのクラスに分かれており、それぞれ半年間の教育を経て進級する。執筆の経歴がある場合、基礎を経ずに研修・専門クラスに志願することができ、その際には書類とともに執筆作品が選考の基準となる。受講料は、協会の会員かどうかによって異なり、半年間55万ウォン〜85万ウォンである。最上級の創作クラスは、全員に対して受講料が免除される。

創作クラス以外は受講料が必要だが、他の教育機関に比べてそれほど高額ではない。政府からの支援金などを受け取らず、純粋に受講料だけで運営費をまかなっているのだろうか。それについては、赤字にならない範囲での運営ができれば十分であり、作家精神を持つ作家を育成し、次世代の人材を支援することが最も重要だとキム氏は強調する。「最低

表6-1　韓国放送作家協会教育院の教育カリキュラム

<table>
<tr><th colspan="3">ドラマ脚本家</th></tr>
<tr><th>コース</th><th>教育時間（全21週）</th><th>カリキュラム</th></tr>
<tr><td>基礎</td><td>週1回
(140分)</td><td>・作家精神と作家意識
・ドラマの構成
・資料収集と活用およびモニタリング
・台本分析&討論
・放送媒体の理解
・台本の要素
・シノプシスの作り方
・実習原稿の検討分析
・ドラマの本質と特性
・TVドラマの作法
・作法概論の総整理</td></tr>
<tr><td>研修</td><td>週1回
(140分)</td><td>・シノプシスの検討と分析
・素材の選択方法
・ストーリーの構成と転換点の研究
・台詞の省略技術
・伏線、葛藤、危機、クライマックス、反転研究
・習作原稿の分析討論</td></tr>
<tr><td>専門</td><td>週1回
(150分)</td><td>・メンタリングによる作品の分析とオリジナル台本の完成</td></tr>
<tr><td>創作</td><td>週1回
(180分)</td><td>・メンタリングによる作品の分析とオリジナル台本の完成
・「創作クラスの卒業作品集」の発行</td></tr>
<tr><th colspan="3">構成作家（バラエティー・ラジオ・時事教養）</th></tr>
<tr><th></th><th>教育時間（全21週）</th><th>カリキュラム</th></tr>
<tr><td></td><td>週1回
(180分)</td><td>・ラジオ、時事教養、バラエティーの3ジャンルを各7週間ずつ授業実施
・非ドラマジャンルの総論
・ジャンル別番組の特性
・放送文章論
・教養番組の企画・取材・構成・制作
・バラエティー番組の企画・取材・構成・制作
・ラジオ番組の企画・取材・構成・制作
・ジャンル別番組の作法</td></tr>
</table>

出典：公式HPと関係者インタビュー調査に基づく（筆者作成）

の受講料、最高の講師料」という理念のもと、著名な現役作家や制作者を講師として招くことに力を入れていると語っている。

受講料が全額免除される創作クラスについてよく聞かれるのは、「創作クラスに入れることは、ドラマデビューが決まることと同じだ」ということである。それほど、創作クラスへの合格は非常に難しいとされている。キム氏は、創作クラスに入れるのは、いつでもドラマ制作現場に合流し、執筆ができるような素質と実力を持つ人材だと述べている。

創作クラスのすべての教育はメンタリング形式で行われ、毎回作品の品評を実施する。受講者は講師からのフィードバックを受けて台本をブラッシュアップし、修了時には作品集を作成する。この作品集はインターネットでの公開やデジタル版の提供は行わず、冊子にして放送局や制作会社のみに配布される。その後、契約などが活発に進むことが多い。

創作クラスの講師は、自分の作品を執筆しながらメンタリングに時間を割く必要があり、物理的な時間の確保が不可欠である。そのため、運営側は創作クラスの講師を依頼することが最も難しいと述べている。しかし、歴代の講師たちは若手の成長を目の当たりにできることがやりがいになるとよく語っている。

1988年から現在に至るまで、教育院が輩出した放送作家は約2万4000人に上る。

図 6-2　韓国放送作家協会教育院「テレビドラマ作品集」（著者撮影）

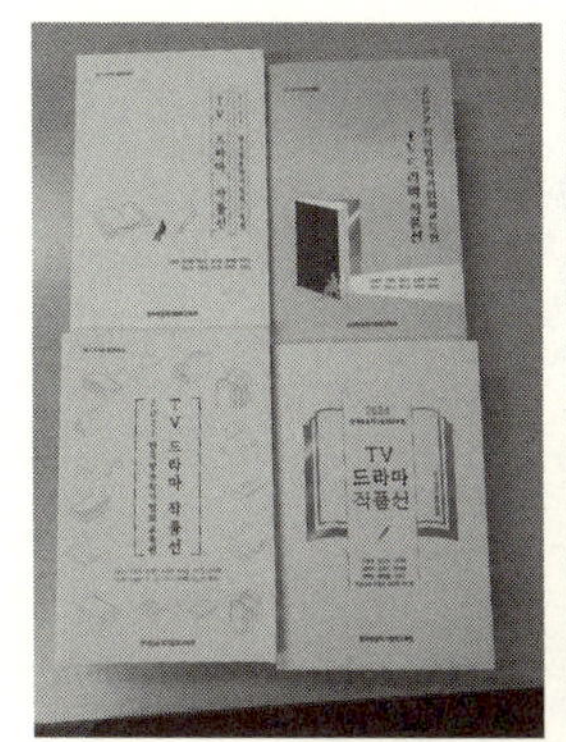

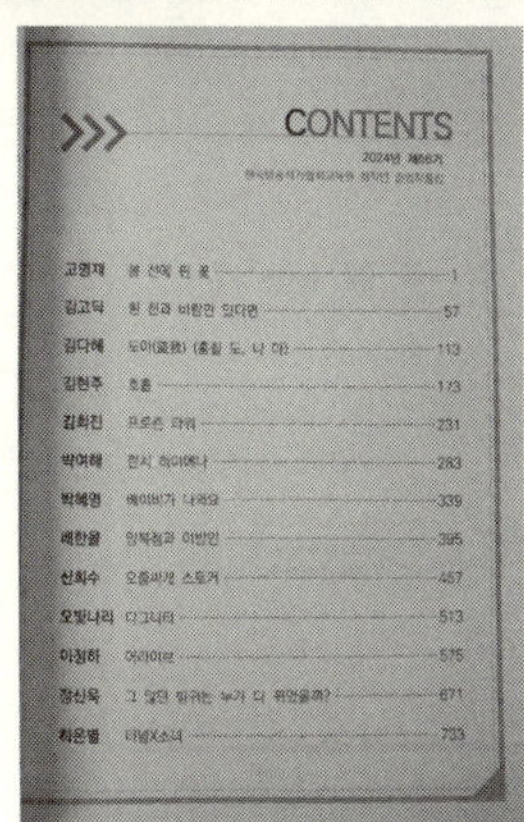

毎回の募集に対して志願者も増えており、現役の大学生も含めて、志願者の平均年齢が毎年若くなっている。これは、放送作家という職業の認知度が定着したことを示している。また、ドラマ脚本公募で当選した人のうち、70〜80%が教育院の出身であることも、志願者増加に貢献している要因の一つである。

韓国ドラマは近年、特定の国や地域での視聴にとどまらず、グローバル映像配信プラットフォームを通じて、韓国での公開と同時に世界中で楽しめる時代になっている。こうした背景から、視聴者のトレンドや指向を意識することは避けられない。脚本家だけではなく、映像制作に携わる人々も、テレビ向けと国内外のOTTオリジナル向けとで、企画開発を区別して行っている。作法やアイテム、物語の展開、制作体制、制作進行の速度などがまったく異なるため、教える側も学ぶ側もその違いを非常に意識している。キム氏は、まず基礎クラスでテレビドラマとOTTオリジナルドラマの作法について徹底的に概論授業を行い、学べるようにしていると説明している。また、講師陣の構成もこの点を意識して調整を行っているとのことである。

36年余りにわたって放送作家の人材育成を続けてきた教育院は、限られた予算の中で、質の高い教育とデビューの機会をいかに多く提供できるかを常に模索している。過去には、ドラマの演出家やプロデューサーを招いて、一泊二日のワークショップを開催していたが、現在は特別講義を実施している。普段なかなか話を聞く機会の少ない脚本家や演出家を招き、受講生に向けた特別な指導を行っている。２０２５年3月には、『ザ・グローリー』の脚本家キム・ウンスク氏と、『マイ・ディア・ミスター～私のおじさん～』の演出家キム・ウォンソク氏による講義を予定しており、より幅広い知識を提供する取り組みを行っている。

キム氏は、ドラマをはじめとするテレビ番組など、多様な映像作品を手掛ける人々を育てる事業を36年間続けている教育院の運営側として人材育成で最も大事なことについて次のように語っている。

〝人材育成において最も重要なことは、個々の能力や特性を理解し、それを最大限に引き出す環境を提供することです。また、人材育成は、参加者と運営者がビジョンを共有し、長期間の関係を築くものだと考えています。個人の目標に加えて、組織全体のビジョンを共有することで、成長の方向性が明確になります。韓国ドラマや番組が世界中で注目を集める中で、私たちは大きな責任を感じています。未来のクリエイターの素質を持つ人を見出し、講師と受講生の間の信頼関係を築ける学びの環境を整えることが重要だと考えています〟

企画・制作・マーケティングまで「放送映像人材教育院」

韓国では「ドラマの制作」を目的とし、さまざまな情報共有やネットワーキング、共同活動を行うために組織された団体がある。２００６年に設立された社団法人韓国ドラマ制作社協会（Korea Drama Production Association、以下ＫＯＤＡ）は、その代表的な団体である。現在、51社のドラマ制作会社が正会員として参加しており、毎年多くの制作会社から入会の問い合わせが寄せられている。

ＫＯＤＡは、韓流の中心に位置する韓国ドラマ産業の発展のために、ドラマ制作環境の改善を図り、これを通じて映像制作者の国内外での競争力向上、バランスの取れた発展、そして倫理意識の確立を目指している。また、会員の権益保護と福祉の増進を目的としている。この目的に基づき、ＫＯＤＡはドラマ制作・流通に関する支援事業全般をサポートしている。その支援領域は、専門人材の教育・養成、制作・流通インフラ向上の支援、海外輸出支援、著作権の確立および共同活用策の支援など、多岐にわたる[3]。

その中でも、政府組織である「文化体育観光部」の支援金を受けて毎年運営している人材育成事業がある。それが、放送映像人材教育院（Producers' School for Broadcasting、以下B-School）である。B-Schoolは、韓国国内の放送映像産業のグローバル競争力強化を目指し、制作人材の養成と、グローバルコンテンツ産業をリードする創造的なプロデューサーの育成を目的としている[4]。

B-Schoolの前身である「ドラマプロデューサースクール」は、2010年に設立された。KODAが設立された直後、ドラマ制作会社において専門的な人材の必要性が高まったことから、当初は制作会社の代表やプロデューサーを対象とした教育が行われていた。KODAの本部長クォン・ジニ氏は、韓国ドラマが2003年からアジアを中心に韓流ブームを引き起こしたものの、当初は放送局が主導するドラマ制作と流通の構造が続いていたと説明する。しかし、韓国ドラマの海外展開が一層活発化し、2010年前後からは制作会社が独自のビジネスモデルを展開するようになった。これに伴い、専門的な人材に対する

3　韓国ドラマ制作社協会の公式HP　http://www.kodatv.or.kr　（2024年9月13日閲覧）
4　放送映像人材教育院の公式HP　http://pdschool.kr　（2024年9月13日閲覧）

需要が急増し、人材育成の必要性がますます高まった。

こうした背景から、2016年に「ドラマプロデューサースクール」は「放送映像人材教育院」に名称を変更した。それ以降、毎年、ドラマの企画、制作、マーケティング、グローバル展開など、開発から流通までのドラマ制作プロセスに携わる専門人材を輩出している。

B-Schoolは、KODAの事務局が運営を担って、3つのコースに分けて教育プログラムを実施している。

表6－2のように、現在は「放送映像コンテンツ企画・制作・マーケティング」、「OTTコンテンツ特化」、「グローバル制作人材専門性強化」の3つのコースに分けて運営しているが、2020年と2021年には、「放送映像コンテンツ企画・制作」と「放送映像マーケティング」に分離しており、計4つのコースが設けられていた。これについて、クォン氏は「放送映像マーケティング」はグローバルマーケティング人材の育成を目的とし、海外展開を担うプロデューサーを育成することを目指していたと述べる。しかし、2020年のCOVID－19の拡大により、このプログラムは2年間で廃止され、その後は「放送映像コンテンツ企画・制作・マーケティング」になった。一方、企画・制作に統

表6-2　放送映像人材教育院（B-School）教育コース

コース	教育期間	募集回数／募集人数	応募資格
放送映像コンテンツ企画・制作・マーケティング	6か月	年2回 計60名	大学卒業者および卒業予定者、かつ満34歳以下
OTTコンテンツ特化	9か月	年1回 12チーム ※1チーム3名まで	大学卒業者および卒業予定者、かつ満34歳以下
グローバル制作人材専門性強化	9か月 (全12回)	年1回 50名	放送映像コンテンツ業界の現職者

出典：公式HPと関係者インタビュー調査に基づく（筆者作成）

合されたマーケティングのカリキュラムでは、ドラマのプロセス全般の理解を高め、制作費用の調達、広告費、プロモーションなどを中心にし、ドラマ総括のマーケティングプロデューサーを育む。

各コースは実践的なカリキュラムに基づき、ドラマ産業を支える専門的人材の育成を特徴としている。

まず、「放送映像コンテンツ企画・制作・マーケティング」コースでは、「理論教育」、「企画・制作・マーケティングの実習」、「現場実習」の3つに大きく分けている。特別講義形式の理論教育（6週間）が終了した後、受講生は企画、制作、マーケティングのいずれか1つを選択し、グループメンタリング方式で実習（8週間）が行われる。

「企画実習」では、企画案の作成、ドラマレビュー、台本モニタリング、原作発掘など、ドラマ素材の開発に伴う知識や業務スキル、問題発生に対するリスクマネジメントなどを学ぶ。「制作実習」では、20分前後のドラマ制作を目標とし、それに関連する実務を教えるが、制作費の一部と撮影機材、ロケ地のレンタル料なども支援される。「マーケティング実習」では、ドラマーケティングの提案書作成、台本のマーケティング要素の分析、スポンサーや広告費の理論と実習教育が終了すると、現在制作中のドラマ現場に参加する機会が与えられ、ドラマ制作会社およびマーケティング会社での委託現場実習が行われる。

「ＯＴＴコンテンツ特化」コースは、韓国政府が映像コンテンツのビジネス拡大と国際競争力の強化を目的に、国内外のＯＴＴプラットフォーム向け映像制作に注力した施策の一環として、２０２２年6月に新設されたとクォン氏は述べている。通常の韓国ドラマは16話を基準に企画されるが、ＯＴＴの場合は短いものであることが多く、ウェブドラマやショートフォームのコンテンツまで対象が広がる。また、放送局と異なり、制作の進行が速いことから、そのスピードに対応できる人材が求められている。

このコースでは、理論教育と実習は「放送映像コンテンツ企画・制作・マーケティング」コースと同様だが、現場実習の代わりに短編ドラマ制作に重点を置いている点が特徴である。ＯＴＴコンテンツとして短編ドラマを制作するために、全制作プロセスの3段階を20週間に分けて徹底的に進める。

1段階目のプリプロダクションでは、スタッフの編成や予算の確保、オーディションやキャスティングの実施、ロケ地の選定、撮影機材や美術、衣装、メイクなどのコンセプト設定を行い、8週間にわたって撮影と制作の準備を整える。2段階目のプロダクションでは、10回程度の撮影を行い、教育実習生は制作スタッフとして参加する。撮影後、3段階目のポストプロダクションでは、編集、色補正、サウンミキシング、ポスター制作、制作費の精算まで行う。制作された短編ドラマは、国内のOTTプラットフォームで配信され公開される。KODAは流通会社を通じて配給を行い、プラットフォームからの収益はRS（Revenue Share：収益分配）の仕組みで進められる。また、韓国内で開催されるコンテンツマーケットに参加し、グローバルトレンドを体験する機会も提供している。

クォン氏は、B-Schoolの特徴は何より現場実習の機会が整っていることだと強調している。大学などの高等教育機関では学べない部分も多く、実際にドラマ制作の現場に入って実習できる機会は、この教育プログラムの大きな強みである。

ドラマ制作会社から実習生の受け入れ申請書をもらい、教育実習生の希望とマッチングを行う。毎回15〜20社の制作会社が申請を出し、1社に1〜2名の教育実習生が現場に派遣される。大体、実習に関わったドラマ制作が終了するまで、教育実習生はスタッフとして働き続ける。募集の告知はそこまで積極的に行っていないにもかかわらず、毎回3倍の競争率で、メディア専攻の学生たちから多くの志願が寄せられている。

一方、現役の制作プロデューサーを対象とした「グローバル制作人材専門性強化」コースでは、放送・映像および文化産業界の専門家が講師を務め、月1〜2回、全12回にわたり、専門性を高めるための職務スキルを学ぶことができる。クォン氏によると、近年、新しい技術が次々と生まれ、映像制作の環境は非常に激変している。しかし、現場のプロデューサーたちは目の前の仕事に追われ、映像産業のトレンドや変化に対応するための教育や知識を得る機会が少ないのが現状であるという。そのため、このコースでは毎回アンケートを通じて参加者から学びたいテーマや内容を募り、運営側がカリキュラムを一方的に決めるのではなく、プロデューサーからのリクエストに基づいてカリキュラムを構成している。

B-Schoolは韓国の政府機関である「文化体育観光部」の人材育成支援予算によって運営されている。毎年10〜12億ウォンの予算内で、１年間にわたる３つのコースを通じて、約１５０名の放送映像プロデューサーを養成している。教育実習生のほとんどが修了後にドラマ制作会社に就職しており、就職率は80〜90％に達している。また、教育期間中の離脱者は１、２名程度にとどまる。

14年間続けてドラマ業界の人材育成支援に携わっているクォン氏に、改めて人材育成の重要性について伺った。

〝制作支援も大切ですが、そもそも制作に携わる人材がいなければ、支援の意義は薄れてしまいます。基盤となるのは人材育成であり、人材がいるからこそ制作支援が必要となるのです。もし、制作支援と人材育成のどちらかを選ばなければならない状況になった場合、制作支援は産業の仕組みの中である程度回すことが可能でしょう。

一方、人材育成は投資の側面が強く、特定の企業が単独で行うには限界があります。インターンシップ制度もありますが、それは教育の一環に過ぎません。本格的な人材育成には、政府や政策の支援が必要であり、投資の視点から検討されるべきです。この点はどの国でも共通しています。また、現職の人材に対する再教育も重要です。新しい制作環境や技術を学ぶことで、新しいコンテンツが生まれるのです〞

CJ ENMのクリエイター発掘プロジェクト「O'PEN」

脚本家とは何か。毎日椅子に座り、パソコンと格闘しながら、創作特有の苦痛に耐え続ける存在だろう。この過程をあえて喜んで受け入れるのは、自分の物語が多くの人々に届けられるという夢を抱いているからである。しかし、すべての脚本家がその夢を叶えられるわけではない。どんなに優れた物語であっても、それがドラマや映画となり、視聴者や観客に届くには、誰かの助けが不可欠なのである。

若手の脚本家や作曲家の夢を実現するため、韓国の大手メディア企業ＣＪ ＥＮＭ（CJ Entertainment and Merchandising）が立ち上げたクリエイター人材育成支援プロジェクトがある。２０１７年に開始された「O'PEN（オーフェン）」は、創作者（PEN）を夢見る人々に対して、開かれた（OPEN）創作の場と機会（Opportunity）を提供する人材発掘・育成プロジェクトである。脚本家を育成する「O'PEN Storyteller（オーフェンストーリーテラー）」と、作曲家を支援する「O'PEN Music（オーフェンミュージック）」という２つのプログラムが存在する[5]。

プロジェクトが始まって以来、ストーリーテラー部門には現在までに８期生、合計２５７名が、ミュージック部門には6期生、合計１０４名が参加している。それぞれ年に一度の募集を行い、ストーリーテラーでは30〜40名、ミュージックでは約15名が選抜される。オーフェンの募集は公募形式で行われており、２０２５年のオーフェンストーリーテラーの応募要項を見ると、未公開のドラマ（短編、シリーズ）と映画（長編）の２つの部

5　O'PEN　HP https://open.cjenm.com

門に分けて作品を受け付けている。それぞれ企画案とともに、ドラマ台本の一部、あるいは映画のシナリオを応募し、審査を経て選ばれる仕組みである。選考の段階で、放送局や制作会社との執筆契約をしていないことが応募の条件となっており、選ばれた後は1年間、オーフェンと契約を結び、支援プログラムに誠実に参加することが求められる。

オーフェン事業の総括を担当しているナム・グンジョン氏は、ストーリーテラーが生み出す映像IPを開発することは次の目的であり、事業の最も重要な目標は若手脚本家、クリエイター人材の発掘であると述べている。若手ストーリーテラーを発掘するための検証資料として、制作会社のスタジオドラゴンや映画事業に積極的に取り組んでいる企業の強みを活かし、ドラマ台本と映画シナリオが選定の基準に組み込まれている。1年間のプロジェクト参加を通じて、アニメーションや漫画など多様なジャンルへ拡大できるように考慮している。

ナム氏は、1年間のストーリーテラー支援プログラムを通じて、公募作品を含めた3つの映像ストーリーを作り出し、公募作品の中から10~12作品を選定し、同社の制作会社スタジオドラゴンと組んでドラマを制作することが「O'PENing（オープニング）」であると説明している。映像化の機会を確保する前提で、公募形式で作品を選定することが明確に

表6-3　O'PEN（オーフェン）プロジェクト

部門	募集回数	募集人数	提出書類	支援プログラム
ストーリーテラー	年1回	30〜40名	【ドラマ】 短編60分 シリーズ 40〜60分 8話以上 【映画】 長編シナリオ 100分内外	創作支援金 1000万ウォン
				個人執筆室の提供
				専門家による メンタリング
				特別講義、セミナー、 ワークショップ、 現場取材
				O'PENing(オープニング) 映像化
				ビジネスマッチング等
ミュージック	年1回	15名程度	未発売曲 2曲	創作支援金500万ウォン
				創作作業室の提供
				専門家による メンタリング
				特別講義、 実習プログラム
				ビジネスマッチング等

出典：公式HPと関係者インタビュー調査に基づく（筆者作成）

されている。

「O'PENing（オープニング）」は、当初は60分の短編ドラマを10本制作するというフォーマットに固定されていたが、現在では選定されたストーリーに応じて、30分×2話、4部構成など、最もふさわしい形式で制作されるようになっている。制作された映像作品は、CJ ENMのテレビチャンネルやOTTプラットフォームのほか、さまざまなプラットフォームで公開され、これまでに34作品が世に送り出された。

「O'PENing（オープニング）」をどのように進化させるのか、毎回論議が重ねられている。スタジオドラゴン内では専任チームが編成されており、新しいチャレンジやシリーズデビューを望む演出家やプロデューサーで体制が作られる。ただし、ビジネスの観点から見ると、短編フォーマットは広告収入が厳しく、企業側にとっては投資に近いものである。テレビや自社のOTTプラットフォームを通じて公開するだけではなく、国内外の映画祭にも出品しており、毎年複数の作品が受賞している。視聴率の枠を超えて、創作能力に基づき、多様な機会を与えられている。

斬新なアイデアや豊かな想像力、共感を呼ぶ物語を生み出すため、オーフェンは多様なプログラムを支援している。無限の成長を目指し、業界のトップスターである脚本家、演

図6-3　O'PEN（オーフェン）の施設

写真提供：O'PEN

出家を招いての個人および共同創作ワークショップが特徴だ。それに加えて、キャラクター設定や脚本作法などに特化した講義やセミナーも定期的に開催されている。また、アイデアの開発とストーリーの完成度を高めるために、現場調査を支援するフィールド調査も行っている。個人では取材許可が得にくい場所、例えば国立科学捜査研究院（日本の科学警察研究所に相当）や警察庁、刑務所などへの訪問や見学、インタビューなどの機会も提供される。

私が訪ねた際には、参加者が一泊二日のワークショップから戻ったばかりで、互いに緊密なネットワーキングを行い、有益な体験だったと話していた。オーフェンは執筆作業に集中できる環境を提供しており、24時間利用可能な執筆作業室や、軽食や図書館が完備されていることも、他の育成組織にはないメリットとして紹介された。

オーフェン出身のストーリーテラーが手掛けたドラマや映画の作品は、「O'PENing（オープニング）」を除いて30本程度が公開されている。日本でも話題になった作品として、都会から離れた小さな漁村コンジン洞を舞台にリズミカルなラブストーリーを描いた『海街チャチャチャ』や、幼馴染みの男女が再会して繰り広げるラブコメディ『となりのMr.パーフェクト』がある。1期生の脚本家シン・ハウン氏の作品である。また、未来の王を育てるために奮闘する時代劇『シュルプ』を手掛けた3期生のパク・バラ氏、ベテラン女性講師と教え子で新人講師とのラブロマンスを描いた『卒業』を執筆した5期生のパク・ギョンファ氏もオーフェンの卒業生だ。

さらに、テレビドラマに限らず、ネットフリックスで公開された『誰もいない森の奥で木は音もなく倒れる』を手掛けた3期生のソン・ホヨン氏や、『ペーパー・ハウス・コリア：統一通貨を奪え』の2期生チェ・ソンジュン氏、ディズニープラスで配信された『刑事ロク 最後の心理戦1・2』を執筆した2期生のイム・チャンセ氏と5期生のファン・ソルホン氏など、グローバル配信プラットフォームのオリジナルシリーズを手掛けた実績も多い。

このように、映像化を実現するためにストーリーテラーと制作会社とのビジネスマッチングを行うのがオーフェンの重要な支援の一つである。プログラム修了までに3つの映像ストーリーIPが確保され、修了時には制作会社とのビジネスマッチングが行われる。ナム氏は、オーフェンのビジネスマッチングの知名度は高く、制作会社側もこの時期に行われることをすでに認識していると話している。運営側は、ビジネスマッチングのために構築したシステムを通じて制作会社に告知を行い、制作会社のプロデューサーや演出家は事前申請を行う。公式サイトに公開された作品集や運営チームから提供されるストーリーをもとに、ジャンルや今後の制作計画に基づいてストーリーテラーとのマッチングを進める。しかし、制作会社からの要望やニーズが多く、すべてのビジネスマッチングが行われるわけではないため、追加のマッチングイベントが設けられる場合もある。

近年、韓国ドラマはグローバル進出が活発になり、アイデアの開発段階から海外市場を意識するようになっている。しかし、海外市場を念頭に置いた教育プログラムは、国内と国外で区別されることはない。良いストーリーは国境を越えて通用するとの考えに基づいているためである。一方で、グローバルトレンドの分析やアイデアの要素、ジャンルに関する教育は、カリキュラムの一部として組み込まれており、グローバルな視点を拡張するために、CJグループ内での海外連携も強化されている。特に、東南アジアの子会社や連携会社から提供される人気のキーワードやアイデアが共有され、海外市場でも通用するアイデアやIPが選定され紹介されることも増えている。

ナム氏は最後に、国際共同作業について次のように語ってくれた。

〝オーフェンが8年間続けられた理由は、ノウハウやプロセスを公開し、産業自体が持続可能性を持つようにしたことだと思います。これはCJグループだけではなく、他の人材育成機関が増えることで、産業全体が拡大することにもつながります。我々のカリキュラムに関心を持つ海外の組織も多く、これらの組織との連携や協業を通じて交流し、シナジーを生み出すことが重要です。アジア市場への拡大もまた大切な要素です。国内にはすでに最適化されたシステムがありますが、海外との協業によるプロジェクトがあればさらに良いと考えています。もし国際的に大規模なユニバースを構築し、それを実行できる機会があれば、韓国、日本、その他の国々と協力してスピンオフ作品を次々と作り続けることができるでしょう。お互いの価値観に基づいたユニバースを通じて、新しい物語を作り続けられるのは素晴らしいことです〟

ナム氏は運営側として、オーフェンに参加するクリエイターたちは家族のような存在だと常に言い続けている。大切なのは、参加者との持続的な関係であり、それこそが運営チームの使命感につながっている。運営チームの視点から見ると、成功も失敗も含めて、共に笑い、時には涙するような時間を共有することになる。しかし、最も重要なのは、クリエイターたちが「書きたい」という意志を持ち続けられる環境を整えることだ。

人材育成の運営において、最も大切なのは「失敗に耐える力」を育てることである。失敗に直面しても、その構造に慣れ、次のステップに進むためのサポートをすることが運営側の重要な役割となる。失敗を恐れずに挑戦し続けられる環境作りが、クリエイターの成長を促し、さらなる成功へとつながると運営チームは信じている。

コラム 『海街チャチャチャ』、『となりのMr.パーフェクト』脚本家 シン・ハウン氏に聞く！

脚本家はどのように誕生するのか。生まれつきの才能を持つ天才的な人がなるものなのか、それとも、地道に努力を重ね続けることで到達できるものなのか。物語を生み出す感性や表現力、独自の視点で人間や世界を観察する感受性や創造力に優れた人は確かに存在する。しかし、書き続ける努力や学び続ける姿勢も、脚本家として不可欠な要素である。

韓国ドラマ業界で注目を浴びている脚本家の一人、シン・ハウン氏に出会った。『海街チャチャチャ』、『となりのMr.パーフェクト』など、次々とヒット作を生み出してきたシン氏は、韓国放送作家協会教育院の出身であり、ＣＪ ＥＮＭのオーフェン第１期生として公募に当選した経験を持つ。両方の経験を大事にしているシン氏が追求するドラマとは何か、自ら語る脚本家の思いに耳を傾けた。

【代表作品】
2017年『アルゴン～隠された真実～』
2018年『文集』
2019年『王になった男』
2021年『海街チャチャチャ』
2024年『となりのMr.パーフェクト』

黄：『海街チャチャチャ』の成功で、その後は多くの執筆提案があったのではないでしょうか？　いかがでしたか？

シン：ありがたいことに、かなり多くの制作会社からラブコールをいただきました。多くのミーティングがあり、素晴らしい提案もたくさんいただきました。しかし、これまで一緒に作業してきた制作会社「スタジオドラゴン」との縁をもう一度大切にしたいと思い、次回作の『となりのMr.パーフェクト』も引き続きｔｖＮで放送しています。

黄：『海街チャチャチャ』は映画原作ですが、ドラマ化することにプレッシャーはありませんでしたか？

シン：ご存知のように、『海街チャチャチャ』は映画『どこかで誰かに何かあれば間違いなく現れるMr.ホン』（２００４年）を原作にしています。最初にこの提案を受けた時は、正直なところプレッシャーを感じました。私は２０１７年に『アルゴン～隠された真実～』というドラマの共同作家としてデビューしたのですが、その作品の主人公が（映画に主演した）故キム・ジュヒョクさんでした。愛されたキャラクターや良い作品を壊してしまうのではないかと心配でした。しかし、原作を読み込んでみると、映画には主演キャラクター以外の部分に多くの余白があり、私自身のアイデアで満たせる部分があると感じました。そこに好奇心が湧いてきて、より豊かな物語にできるのではないかと思い、最終的に取り組むことに決めました。

黄：城西国際大学で「韓流エンタテインメント実践」という科目を教えています。学生たちのグループ発表で、『海街チャチャチャ』が選ばれました。選定理由として挙げられたのは、①コロナ期間に自然を満喫できる背景があり、心を温めるヒーリングドラマであること、②女性の自立とオシャレ（ファッション）が漁村背景と対照的であるという点でしたが、これについてどう思われますか？

シン：まず、『海街チャチャチャ』を韓流ドラマとして選んでくれた学生たちに感謝の気持ちを伝えたいです。学生たちが挙げてくれた「①コロナ期間に自然を楽しめる背景があり、ヒーリング効果のあるドラマであること」「②女性の自立とファッションが漁村の背景と対照的である」という点には、私も同意します。

実際、『海街チャチャチャ』が放送された時期は、ちょうどパンデミックが続いていた時期でした。多くの人が日常に閉じこもるしかなかった状況で、韓国の浦項（ポハン）の海辺の美しい風景が映像を通じて視聴者の目を引いたのだと思います。また、主人公のヘジンというキャラクターも視聴者に共感を与えたと思います。彼女は一見、個人主義者のように見えますが、公正さを重んじ、愛に対しても率直で主体的な、非常に愛らしい人物です。そして、ドラマは視覚的に楽しむものでもあるため、田舎に歯科医院を開業した都会の女性らしさを表現するために、俳優が研究してきたファッションも大きな役割を果たしたと思います。

黄：『海街チャチャチャ』に続き、『となりのMr.パーフェクト』が好評を博しています。日本でも2024年8月28日時点で、ネットフリックス順位1位となっています。『となりのMr.パーフェクト』の企画、構想、そして執筆の意図についてお聞かせください。

シン：最初に思い描いていたのは、青春の物語でした。物語は、まだ若いのに新しいことを始めるには遅すぎるのではないかと迷いを感じる、曖昧な年齢（満33歳）の男女二人からスタートしました。そして、彼らが幼馴染みだったら面白いなと思ったんです。二人が再会するだけで始まるふわふわとしたロマンスを描きたかったのです。そんなふうに深くつながるためには、お互いの黒歴史までも知り尽くしている関係でなければならないと感じました。

しかし、すでに幼馴染みの設定を持つ作品は多く存在していました。そこで、二人のお母さん同士が友達だったという設定を追加しました。すると自然と母親の物語も描かなければならないと感じました。その時、サムエル・ウルマンの詩「青春とは人生のどんな時期でもなく心構え」という言葉が頭に浮かびました。「驚異に向けた憧れと、子供のような旺盛な探求心、人生で喜びを得ようとする熱望」を持つ人々の物語を、年齢を問わずに描くことにしたのです。

こうして「母」も「友達」も「息子（娘）」も登場する、いわばフルオプションのドラマが出来上がりました。彼らが熱く愛し、時に致命的な対立を経て、最終的には軽やかに和解する、世界で最も平凡でありながら特別な人々の物語を描きたかったのです。

黄：『となりのMr.パーフェクト』に込めたメッセージは何でしょうか？　また、『海街チャチャチャ』と異なる点も教えてください。

シン：『となりのMr.パーフェクト』に込めたのは、「愛」、「夢」、「友情」です。これらはとても抽象的で平凡な言葉ですが、生きていく上でこれ以上に大切なものがあるでしょうか？　ドラマにはさまざまな形の愛が描かれています。幼馴染みから恋人へと発展する愛、愛憎を抱えた親子の愛、長い年月を経て共に過ごす夫婦の愛もあります。他人を家族のように受け入れる広がりのある愛もテーマです。最終的には、「愛が世界を救う」という物語を伝えたいと思いました。

また、夢についても描かれています。登場人物たちは夢を追いかける中で傷つき、立ち止まり、夢が自分にとって本当に正しいものかを振り返る場面もあります。時には、夢が自分にとって贅沢なものではないかと悩むこともありますが、それでも夢を求め続ける姿を描きました。そして、友情も欠かせません。例えば、青春時代を共に過ごし、いつの間にか年を重ねた「よもぎ姉妹」と呼ばれるお母さんたちの友情や、スンヒョ、ソンニュ、モウムという恵陵洞（ヘェルンドン）三銃士が新たな友人としてダノを受け入れていく温かい過程なども含まれています。

人が人と出会い、互いに影響を与え合い、結局は人とのつながりの中で生きていく――そんな平凡で温かな物語です。この点でいえば、『となりのMr.パーフェクト』も実は『海街チャチャチャ』の延長線上にあるともいえるかもしれません。違いとしては、『海街チャチャチャ』は主人公が新しい環境で新たな人々と出会い、その中で調和しながら成長していく物語です。一方、『となりのMr.パーフェクト』は、非常に慣れた空間（故郷）で、昔からの知り合い同士が作り出すハーモニーが主な内容となっています。また、『海街チャチャチャ』に比べて、家族に関するテーマが強化されており、より共感できる部分が多いのではないかと感じています。

黄：日本では韓国ドラマの最大の特徴として、キャラクター設定、オリジナルストーリー、そして映像美が挙げられます。『となりのMr.パーフェクト』の見どころは何ですか？

シン：『となりのMr.パーフェクト』の見どころは、やはりスンヒョとソンニュという二人の主人公が織り成す物語ではないでしょうか。幼馴染みでありながら、長い時間を経て恋に落ちるまでに30年もの歳月がかかるというユニークな物語です。その二人の時間の流れを追う楽しさが、この作品の魅力の一つだと思います。さらに、主人公たちのお母さんたちが仕掛けた、銭湯（女湯）を巡る恥ずかしい思い出や、それぞれの視点で描かれる成長過程、そして二人の間で微妙にすれ違う愛の成長過程も丁寧に描かれています。まさに恋愛物語の魅力が詰まった作品といえるでしょう。

そして、この二人の主人公を演じるのがチョン・ヘイン、チョン・ソミンであるというのが、視聴者にとっては大きな観賞ポイントではないでしょうか？　また、主人公以外のキャラクターたちの関係性にも注目していただきたいです。主人公のお母さんたちは高校の同窓生であり、主人公たちには別の幼馴染もいますし、近所に引っ越してきた人たちも絡んでいます。主人公だけでなく、周囲の人物がすべて絡み合いながら物語が進展します。さらに、私と『海街チャチャチャ』を一緒に作ってくれたユ・ジェウォン監督が演出を担当しており、映像美にも期待していただいていいと思います。

黄：チョン・ヘイン、チョン・ソミンの二人の俳優も、さまざまな作品でその演技力が認められた人物です。最初からキャスティングを念頭にキャラクターを描いたのでしょうか？ キャスティング全体について知りたいです。

シン：脚本家によって異なりますが、私の場合、台本を書く時にあらかじめキャスティングを決めておくことはありません。シーンを描く際も、頭の中には具体的な顔が浮かばない仮想の人物が動いていることが多いです。4話までの原稿が出来上がった時点で、演出監督やチーフプロデューサー、プロデューサーと議論を重ねながらキャスティングを決めることになります。

特に心血を注いだのは、タイトルである『となりのMr.パーフェクト』です（原題『엄마친구아들（オンマチングアドゥル）』は直訳すると「お母さんの友達の息子」という意味を表す）。韓国で「お母さんの友達の息子」という表現は、髪の先からつま先まで完璧で模範的なキャラクターを指しますが、そのイメージに最も合う俳優がチョン・ヘインだと思いました。彼の白く整った顔立ちと確固たる存在感が、私が描いていたスンヒョそのものだったのです。

一方で、ソンニュは明るく陽気な一面を持ちながらも、実は痛みを抱えた過去を隠しているという複雑なキャラクターです。このキャラクターには、幅広い演技力が求められます。そのため、監督と『空から降る一億の星』で息の合ったチョン・ソミンを思い浮かべました。彼女は映画『ラブリセット 30日後、離婚します』でロマンティック・コメディの女王としての姿を見せており、まさに理想的なキャスティングだと思いました。

何より、チョン・ヘインとチョン・ソミンという二人の俳優が一緒にいる絵を想像してみると、これだ！と強く感じました。ロマンティックドラマでは、俳優同士の化学反応が非常に重要であり、二人は本当にピッタリだと思いました。

黄：韓国ドラマのグローバル進出が活発です。『となりのMr.パーフェクト』を執筆しながらも、グローバルな展開を意識されたと思われますが、重要視し、念頭に置いていた部分はありますか？

シン：韓国ドラマがグローバルで活躍しているという事実はいつも誇らしく、素晴らしいと思っていますが、実際に私がグローバルを意識して作品を作ったことはありません。ネットフリックスで成功を収めた『海街チャチャチャ』の時もそうでしたし、『となりのMr.パーフェクト』も同様です。むしろ、こんなに韓国的な話が全世界の人々に受け入れられていることに驚いています。

「コンジン」という仮想の小さな海辺の村、そして「恵陵洞（ヘェルンドン）」というソウル郊外の小さな仮想の近所を背景に、人々がただ生きている物語ですが、それに多くの方々が共感してくださるのが不思議です。むしろ、その極めて韓国的な部分が通じないのではないかと心配していました。情緒的な距離が遠くなった現代において、家族や隣人、そして愛について非常に熱烈に語ることが、視聴者の心に響くのだと思います。忘れ去られたような温かさや切なさを引き出すことができるのではないでしょうか。結局、ドラマは国籍を問わず人々の心に触れる必要があると感じています。

黄：今後、挑戦していくジャンルやストーリーについてお聞かせいただけますか？次の作品構想はどのようなものですか？

シン：次は、今までとはまったく異なる話をするつもりです。これまでリメイク作品を多く手掛けて、最近は日常をテーマにしたドラマを届けましたが、実は私の関心分野は意外と広いのです。スポーツやファンタジー、歴史など、好きなジャンルがたくさんあります。まだ決まっていませんが、より拡張された世界観と、より豊かなストーリーを持つ作品をお見せしようと思っています。

黄：どうして脚本家になりたいと思いましたか？

シン：幼い頃からずっとドラマが好きでした。高校生活記録簿の将来希望欄に「放送作家になりたい」と書いていたことを思い出すと、ずっとこの仕事に憧れていたようです。実際に文章を書くのが好きだったので、大学の国語国文学科に進学しました。しかし、意外にも最初から脚本家の道を歩むことはありませんでした。実は、幼い頃から詩を書いていたため、卒業を控えた時に詩とドラマの間で進路を悩んでいたのです。

そんな時、突然お父さんが「脚本家は寿命が一番短い職業だ」と言い出しました。無病長寿が夢（？）だった私は、その言葉に影響され、大学院に進むことにしました。しかし、いざ大学院に行くと、勉強が私に合っていないことにすぐに気づきました。それでも、簡単に諦めることはできず、泣きながら耐えていましたが、結局教授が引退することになり、その間、私は数年間無期限休学をし、彷徨う時間を持ちました。

その時、自分自身を見つめ直す機会があり、下した結論は「私は文学的な人間ではなく、大衆文化のコンテンツに関心がある人間だ」ということでした。子供の頃から、新聞でテレビ番組について読むのが大好きで、新しいドラマが始まる前には、ドラマホームページで企画意図や登場人物の説明をすべて読んでいました。これなら「デュドク（ドラマオタクの意味を指す）」出身だと自負してもいいでしょう。最終的に、韓国放送作家協会教育院に入って、ドラマを本格的に勉強することになりました。

黄：ＣＪ ＥＮＭが運営するオーフェンと韓国放送作家協会教育院の出身だと聞きましたが、いかがでしたか。

シン：２０１５年初め、韓国放送作家協会教育院に入りました。教育院では、基礎クラス－研修クラス－専門クラス－創作クラスという順で進級することになります。各々のクラスは約半年の期間で、すべてのクラスに進むことができるわけではなく、進級の学生数が決まっています。創作クラスは全員受講料免除で、約８～12人の少人数で構成されていますので、教育院出身者にとっては最も名誉あるクラスではないかと思います。私は運がよく、一度も脱落することなく、基礎から研修、専門、創作クラスを修了し、２年後の２０１７年には教育コースをすべて終えることができました。

オーフェンは、ＣＪ ＥＮＭで行われる脚本公募コンクールです。私はそのオーフェン１期公募に当選しました。ただし、オーフェンが他の公募と異なる点は、一度に20人ほどの多くの脚本家を選び、当選した脚本家たちに教育プログラムを提供して、自分の作品を準備し、さまざまな制作会社とコンタクトできるようにサポートすることです。ところが、私が当選するとすぐにイ・ユンジョン監督（代表作品『コーヒープリンス１号店』、『恋はチーズ・イン・ザ・トラップ』）の提案でドラマ『アルゴン〜隠された真実〜』の共同制作に参加することになり、オーフェンのプログラムにあまり出席できませんでした。

黄：なぜ教育機関に参加しようと思ったのですか？　あえて教育を受けなくても……。

シン：ドラマを見るだけではなく、どのように書くのかについての知識がまったくなかったので、当然学ばなければならないと思いました。韓国でドラマ作家になろうと決心する人々の80％以上が放送作家協会教育院に行くほど、公認された機関です。もちろん、学ばずに初作品から素晴らしいドラマを書き出す脚本家もいますが、私は難しいのではないかと思っていました。何よりも、しっかりと学んで、きちんと書いてみたかったのです。ドラマというのは非常に精巧な作業ですから。徹底した分析と計算を通じてプロットを組み立て、キャラクターを配置する過程を学びたかったのです。

黄：オーフェンの特徴と最も役に立った部分について教えてください。

シン：オーフェンは、当選した若手脚本家に多様なプログラムを提供します。毎年アップグレードされていると聞いていますが、残念ながら私は1期出身で、ミニシリーズの共同執筆に参加することが多かったため、ほとんどのプログラムには参加できませんでした。それでも、宇宙発射基地や警察庁などを見学・取材するプログラムがありました。また、当代の名作を生み出したベテラン脚本家や監督による特講を通じて、彼らのインサイトも共有することができました。個人的に、脚本家にとって最も重要な経験だと思います。オーフェンは、そのような経験のスペクトルを広げる機会を提供してくれるのです。そして、メンタリングシステムもあり、若手脚本家4~5人が監督から当選した短編ドラマについてのフィードバックを受ける時間がありました。私はキム・サンホ監督（代表作品『ファンタスティック・カップル』、『マネーゲーム』）の組に配置され、多くの教えを受けることができました。

黄：韓国放送作家協会教育院のプログラムの特徴と、最も役に立った部分について教えてください。

シン：教育院は基礎クラス―研修クラス―専門クラス―創作クラスから成る体系的なシステムを備えています。この過程では、全員が上級クラスに進級できるわけではなく、選抜によって上がるため、上のクラスではレベルの高い若手の脚本家に出会うことになります。また、毎学期2つの短編ドラマを提出し、「合評」を受けることになります。私は自分の作品が評価されたり、他の人たちの作品に対する意見を共有したりすることで、さまざまな人々の文章に触れながら学び、自分の作品を披露する貴重な経験ができました。

個人的に、創作クラスでの経験が一番良かったです。先ほど説明したように、少数精鋭で構成されている奨学クラスなので、合評を受ける短編ドラマの数がはるかに多くなり、たくさんの習作を書く必要がありました。そして、クラスメートの優れた作品に触れ、刺激を受けることができました。また、韓国ドラマ界の巨匠であるキム・ジョンス先生に出会えたことにも感謝しています。

黄：両方のプログラムに参加して学んだこと、意識したり大切にしていることは何でしょうか。

シン：私はドラマを構成する際、主役だけでなく脇役のストーリーも大事にしています。主役だけが目立つのではなく、他のキャラクター一人ひとりの個性や物語を描くことを念頭に置いています。ドラマに登場するすべてのキャラクターにそれぞれ輝けるシーンがあり、そのシーンが主役のストーリーに有機的に結びつくように努めています。

黄：もし、脚本家を育成するためにこんなプログラムがあれば、こんな支援があればいいと思う部分があれば教えてください。

シン：私は放送局が再び短編ドラマを復活させてほしいと考えています。現在、私が当選したＣＪのオーフェン（チャンネルはｔｖＮ）、ＫＢＳでのみ、1年に数回短編ドラマが放送されている状況です。実際、若手の脚本家が継続して育つためには、作品を発表する場が必要です。しかし、長編ドラマは準備から放送までに数年かかることもあり、制作会社としては失敗のリスクが大きいため、若手の脚本家を起用することを好みません。このような状況では、脚本家の育成が難しいのが現実です。もちろん、予算や現実的な問題があるため、短編ドラマを廃止する決断に至ったのも理解しています。

また、前に述べた話と少し矛盾するようですが、教育院で長編ドラマの書き方も教えてほしいと思っています。教育院での練習台本はすべて短編ドラマで、ほとんどの公募も短編ドラマの提出を求めます。しかし、実際にドラマ業界で生き残るためには、長編ドラマのスキルが必要です。もちろん、これは教えることや学ぶことが容易ではなく、時間のかかることだと理解していますが、まったく手探りで進むよりも、少しでも助けがあればと思います。

黄：ストーリーを作るにあたって、信念や確信は何でしょうか？

シン：これまで私は、大きくて派手なストーリーを書く脚本家ではありませんでした。むしろ、周りにいる職人のような、小さくてささやかな話を紡ぐ脚本家に近いです。もちろん、今後はまったく違う雰囲気の新しい作品にも挑戦する計画がありますが、それでも私がストーリーで最も大切にしているのは「人」です。人々が泣いたり、笑ったり、共感できる普遍的な話を伝えたいのです。

作家ごとに自分の世界観を表現する方法は異なると思います。鋭く心に刺さるような作品を作る方もいれば、太陽が緩やかに暖めるように、じんわりと心に染み込む作品を作る方もいます。私は完全に後者のタイプです。ですから、あまりにも世の中に訴えかけるような話をしないようにするのが、私の信念です。『海街チャチャチャ』で、こんなセリフを書いたことがあります。ドラマの中で、ウンチョルが宝くじの当選金を寄付した事実を明かし、「世界がもう少し優しい方向に進むための一歩にしたい」と言います。これが、私のストーリーの方向性を象徴していると思います。

黄：最後に、なぜ韓国の物語が世界的に人気を集めていると思いますか？　作家の立場からのお考えをお聞きしたいです。

シン：基本的に、韓国人は「見ること」が好きだと思います。ドラマに限らず、バラエティーやYouTubeなど、あらゆるコンテンツをとても愛しています。もちろん、以前と比べてドラマの視聴率は低くなり、テレビ離れが増えていますが、その代わりにOTT（オンライン・ビデオ・ストリーミング・サービス）の利用率が高くなり、依然としてさまざまな形でコンテンツが消費されています。これにより、視聴者の目も非常に高くなっています。ドラマが一度放送されると、まるで文化評論のようなレビューがあふれます。そのため、クリエイターとしては常にクオリティに対する自己反省をせざるを得ません。他の脚本家たちもほとんどがそうだと思います。こうして、コンテンツ自体のレベルが全体的に向上していくのだと思います。

また、ネットフリックスやディズニープラスといったグローバルOTTプラットフォームで、韓国ドラマの地位が高まったことも人気の要因だと思います。『キングダム』や『イカゲーム』といった先駆者的なメガヒット作が登場したことで、世界中の視聴者が韓国ドラマに対する期待感を持つようになったのではないでしょうか。そして、韓国ドラマに触れ、その魅力を感じるようになったのだと思います。以前はロマンスジャンルがアジアをはじめとする一部の市場で人気でしたが、今ではより多様なジャンルが愛されています。また、韓国ドラマのクオリティのレベルが全体的に向上していると感じます。そうでなければ、世界中の視聴者の注目を引き続き集めることは難しいでしょう。豊かな感情、洗練された映像美、そして優れたストーリー展開など、韓国ドラマの完成度が高いため、全世界的に反響を呼んでいるのだと思います。

第7章
次に来る韓流は何か？

韓流の変遷

十年ひと昔というが、日本に来て気づけば20年が過ぎた。20年という歳月は、生まれたばかりの赤ちゃんが大人になり、社会で認められるまでの時間と同じだ。日本のＮＨＫＢＳで韓国ドラマ『冬のソナタ』が放送された２００３年を、日本では「韓流の元年」と呼ぶ。一人の人間が成長するこの20年、日本における韓流も２０２３年で20周年を迎えた。日本を含むアジアでは「韓流」、世界では「K-Culture」として知られる韓国の大衆文化がここまで拡大したのは、一体何が要因だったのだろうか。それは、一つのドラマ、一曲の歌、一人の監督や脚本家の力だけではない。また「ストーリーが優れている」、「パフォーマンスが抜群」、「アイデアが斬新」といった単一の理由だけで説明できるものでもない。明らかなのは、「韓流」や「K-Culture」が単なるブームにとどまらず、20年間にわたり挑戦と成功、そして失敗を繰り返し、世界市場で注目される優れた輸出文化商品へと成長してきたということだ。

一時的な流行で終わるかと思われた韓流は、進化し続ける道を拓き、世界的な地位を確立した。現在ではより多様で多面的に発展を遂げている。この20年間にわたり韓流が続き、さらに世界的な文化として成長し得たのには、確かな理由があるのだろう。

ある日、通勤途中に日本の小学生たちが大声で話しているのを耳にした。「これ知ってる？　韓国では、〝だるまさんがころんだ〟で動いたら死んじゃうんだって」「怖い！　本当にそうなの？」「うん、韓国ドラマに出てくるんだよ」

日本では七夕の時期になると、人が集まる場所にクリスマスツリーのような大きな竹が飾られ、各自が願いを書いた短冊を吊るす。私の住むマンションでも毎年ロビーに七夕飾りが設置され、住民たちがそれぞれの願いを書いた短冊を枝に掛ける。ふと見かけた「TWICEに会えますように」と書かれた短冊が今も忘れられない。

『冬のソナタ』から始まった60～70代の元祖韓流ファン層から、韓流という言葉さえ知らない小学生世代に至るまで、韓国のコンテンツは日本を含め世界との交流とコミュニケーションを促進する役割を果たしている。さまざまな世代が韓流を楽しみ、それは国と国との文化的なつながりと相互理解を深める重要な要素となっている。

韓国の大衆文化、エンターテインメント、コンテンツを象徴する言葉「韓流」は、いつから使われ始めたのだろうか。表７－１に示されているように、１９９７年にドラマ『愛が何だって』が中国に輸出されたことが韓流の始まりとされている。このドラマの成功を皮切りに、韓国ドラマやK－POPグループH.O.T.のアルバムが中国で注目を集め、1999年には中国のメディア『北京青年報』が、韓国コンテンツとそれを通じた韓国文化の盛り上がりを「韓流」と名付けたといわれている。

一方、韓国国内では、『愛が何だって』が「韓流」という言葉を生み出すきっかけになったと認めつつも、韓国ドラマが初めて海外に輸出された作品『ジェラシー』こそが韓流の起源であるとする主張もある。また、中国に先立って台湾のメディアが韓国ドラマを取り上げたことや、韓国政府（文化体育観光部）が韓国音楽を広報するために作成したアルバムの名称が『韓流』だったという説も存在している。「韓流」という名称の起源が何であれ、ドラマや音楽といった韓国コンテンツが海外で成功を収めた後に認識された文化的現象であることは明らかである。

韓国コンテンツをきっかけに広がった「韓流」は、この20年以上で大きな変化を遂げてきた。表7－1は、韓流の変遷をコンテンツのグローバル展開に基づいてまとめたものである。この間に4回の大きな変化があり、それぞれには火付け役となるコンテンツが存在し、それを契機に海外市場への進出が活発に行われた。

単なるブームにとどまらず、コンテンツビジネスのモデルとして日本で定着した韓流は、

表 7-1 コンテンツのグローバル展開と「韓流の変遷」

	第1期 1990年後半～2002	第2期 2003～2009	第3期 2010～2017	第4期 2018～現在
地域	中華圏、日本 東南アジア	アジア全域	アジア全域、 アジア以外	全世界
コンテンツ	ドラマ&映画 第1世代アイドル	ドラマ&映画 第2世代 K-POP	映像（ドラマ、映画、バラエティ） 第2世代 K-POP、ゲーム	映像（ドラマ、映画、バラエティ） 第3世代 K-POP 他ジャンル、生活文化
成果	1997 ドラマ『愛が何だって』（中国） 1998 ドラマ『初恋』（ベトナム） 1999、中国北京青年報に「韓流」用語の初使用 2000「H.O.T.」北京単独コンサート、映画『シュリ』日本興行 2002BoA 韓国人初の日本オリコンシングルチャート1位を記録	2003~2004 ドラマ『冬のソナタ』（日本） 2005~ ドラマ『宮廷女官チャングムの誓い』（中国、その後87カ国で放映） 2004 映画『オールド・ボーイ』カンヌ国際映画祭受賞 2007 映画『シークレット・サンシャイン』カンヌ国際映画祭受賞 2008 ワンダーガールズ、BoA、SE7EN、ピ（RAIN）のアメリカ進出	2010 少女時代、KARA 日本デビュー、日本第2次韓流絶頂 2011〈SM TOWN LIVE〉パリ 盛況のうちに開催 2012PSY「江南スタイル」全世界のブーム、ユーチューブ再生回数10億ビュー突破 ゲーム「クロスファイア」、「ダンジョンアンドファイター」中国オンラインゲームシェア1、2位を獲得 2014 ドラマ「星から来たあなた」中国ブーム、「ランニングマン」など芸能フォーマットの中国輸出拡大 2015 映画「怪しい彼女」中国版興行 2016 ドラマ「太陽の末裔」中国ブーム 「花よりおじいさん」フォーマット、韓国芸能史上初の米国輸出 2017 ドラマ『グッドドクター』アメリカのリメイク	2018BTS〈Fake Love〉K-pop 初ビルボードホット100初の10位圏入り 2020 映画「パラサイト半地下の家族」アカデミー賞受賞 BTS〈Dynamite〉ビルボードホット100 第1位 2021 映画「ミナリ」俳優ユン・ヨジョン、アカデミー助演女優賞受賞 BLACKPINK 全世界アーティスト初ユーチューブ登録者7千万人突破 ドラマ「イカゲーム」ネットフリックス創立以来最多世帯視聴 ゲーム『バトルグラウンドモバイル』世界のゲーム売上1位
特徴	中華圏と日本中心の韓流初期形成 韓国コンテンツの海外進出を試みる	ドラマ中心の韓流現象の拡張 海外進出の拡大（ゲーム、音楽分野の輸出成長） 反韓流現象など国別の韓国コンテンツ拡散に対する警戒心の拡大	コンテンツ企画段階から海外進出や協業を念頭に置いたローカライズ戦略を駆使 グローバルプラットフォーム（ユーチューブ）を通じた全世界への拡散	全世界の興行作の登場 韓流コンテンツ「システム」の輸出 韓国型ファンダムの拡散 グローバルプラットフォームによる複数国家同時伝播の一般化 グローバルコンテンツ創作流通ラインの構築 コンテンツ+α（生活文化）の拡大

出典：韓国コンテンツ振興院『KOCCA FOCUS』「韓流の発展過程と今後の展望」（138号, 2022）

韓国コンテンツ産業の海外進出や日韓関係において非常に重要な役割を果たしている。表7－2で示したように、日本における韓流も4回の変化を経験しており、その影響はコンテンツにとどまらず、観光、ファッション、飲食、韓国語学習など多岐にわたっている。これにより、日本国内ではシェアカルチャーやコミュニティを通じて韓国文化そのものへの関心が高まった。さらに、小説、アプリケーション、Eコマース、コリアタウン商圏など、多方面の産業にも波及効果を与え、「共に創る、共に成長する」という共生的な関係が築かれているといえる。

しかし、韓流は外部から接する韓国文化を象徴するものである一方で、それが受け入れられる過程で韓国の意図とは異なる形で伝えられる可能性もある。このような現象は、韓国の文化的アイデンティティを維持する上で困難を招く場合があり、特に国家間の社会的・政治的状況に大きな影響を受けるという点で、期待と懸念が入り混じっている。

もちろん、肯定的な期待も存在する。特に、日本における韓流は、単に市場を拡大し、韓国文化に対する認識を高めるだけでなく、日韓の協力を通じて相互の意思疎通と交流が進むことが期待される。一方的な文化の受容や享受にとどまらず、相互協力を通じて新しい文化を創造することで、両国間の理解を深める上で重要な役割を果たすだろう。

表 7-2　日本における韓流コンテンツビジネスの変遷

<table>
<tr><th>年度</th><th>2002</th><th>2003</th><th>2006~</th><th>2007~</th><th>2012~</th><th>2017~</th><th>2020~</th></tr>
<tr><th></th><th>韓流の
黎明</th><th colspan="2">第1次
韓流</th><th>第2次
韓流</th><th>韓流
低迷期</th><th>第3次
韓流</th><th>第4次
韓流</th></tr>
<tr><td>コンテンツ</td><td>テレビ朝日
「イヴの
すべて」</td><td>NHK
「冬の
ソナタ」</td><td>韓流
コンテンツ
けん制I</td><td>東方神起
少女時代
KARA
BIGBANG</td><td>韓流
コンテンツ
けん制II</td><td>TWICE
BTS</td><td>「パラサイト」
「愛の不時着」
「梨泰院クラス」
「82 年生まれ，
キム・ジヨン」
「Beyond Live」
「BANGBANG
CON」
NiziU</td></tr>
<tr><td>メディア</td><td>放送</td><td>放送</td><td>放送</td><td>ライブ
放送</td><td>BS 放送</td><td>ライブ
インター
ネット
SNS</td><td>インターネット
OTT
ライブ
ストリーミング
アプリケーション</td></tr>
<tr><td>ジャンル</td><td>ドラマ</td><td>ドラマ</td><td>ドラマ</td><td>音楽</td><td>音楽</td><td>音楽
消費財
コミュニティ</td><td>ドラマ
音楽
出版
WEBTOON</td></tr>
<tr><td>連関</td><td></td><td>DVD
雑誌</td><td>DVD
雑誌</td><td>CD/DVD
雑誌
食料品</td><td></td><td>化粧品
ファッション
旅行</td><td>コリアタウン
商圏
e コマース</td></tr>
<tr><td>ファン</td><td>ドラマ
俳優</td><td colspan="2">ドラマ
俳優</td><td>K-POP
ドラマ</td><td>ドラマ
俳優
K-POP</td><td>K-POP
韓国モノ</td><td>ドラマ
K-POP</td></tr>
<tr><td>年齢</td><td>F3</td><td colspan="2">F3</td><td>F2,F3</td><td>F2,F3</td><td>T
(JS,JK,JC)
F2,F3</td><td>T
(JS,JC,JK,JD)
F1,F2,F3
M1,M2,M3</td></tr>
<tr><td>ファンダム</td><td></td><td colspan="2">ドラマプロモーション
イベント
ファンミーティング</td><td>食文化
ファン
クラブ</td><td></td><td>ハングル
ファッション
ライフスタイル
シェア
カルチャー</td><td>コミュニティ
仲間意識
ファミリー
カルチャー</td></tr>
</table>

出典：黄仙惠『韓国コンテンツのグローバル戦略～韓流ドラマ・K-POP・ウェブトゥーンの未来地図』（星海社、2023）

ＯＴＴ＝オリジナルドラマ、テレビ＝ライセンスドラマ

韓国のドラマ制作会社を束ねる「韓国ドラマ制作社協会」が２０２４年3月に発表したデータによると、２０２３年のドラマ制作本数（テレビおよびＯＴＴを含む）は１２３本で、新型コロナウイルス感染拡大以降、初めて減少に転じた。２０１９年から２０２０年にかけては年間１００本前後だった制作件数が、２０２１年には１１６本、２０２２年には１４１本と増加していたが、ここで減少に至った。

制作本数が減少した主な理由として、制作費の高騰が挙げられる。特に人件費が制作費全体の半分以上を占める中、人気俳優のギャランティが過度に上昇したことが問題視されている。業界関係者によれば、「数年前には1話当たり1億ウォンでも高いと感じられていたが、現在では1話当たり7億〜10億ウォンを受け取る俳優もいる」という[1]。

このような俳優のギャランティ上昇には、ＯＴＴプラットフォームによるローカル・グローバルの動画配信サービスの普及と制作環境の変化が影響を及ぼしている。従来は、ドラマ制作会社がテレビ局の外注を受け、放送後に制作費が補填される形が一般的だった。

しかし、ネットフリックスをはじめとするグローバル映像配信サービスの台頭により、制作会社が先にスター脚本家や俳優と契約し、その後、多様なチャンネルにドラマを販売する方式へと主導権が変わった。

ＯＴＴプラットフォームの拡張により、メディア競争力が一層高まった結果、ドラマ制作費の急騰が制作本数の減少傾向を引き起こした。しかし、その背景として注目すべきなのは、ドラマ制作会社の制作および流通の方式の変化である。先述したように、従来はテレビ局からの外注を受けて制作していたが、現在では制作会社自らが企画開発・制作を行い、その作品を多様なチャンネルに販売するスタジオシステムへと移行している。

この「スタジオシステム」を実現するドラマ専門スタジオが次々と登場し、数々の世界的ヒットドラマを生み出している。代表的な例としては、ＣＪ ＥＮＭのドラマ事業部門から誕生した「スタジオドラゴン」や、総合放送チャンネルＪＴＢＣの子会社である「ＳＬＬ」が挙げられる。これらのスタジオは、自ら企画・制作したドラマをテレビ局に販売

1　ChosunBiz「１本の制作費５００億ウォン？　成長街道を走るＫドラマ制作に〝プッツン〟」 https://n.news.naver.com/article/366/0000977490?sid=101（２０２４年11月16日閲覧）

し、権利を保有することで、自由なビジネス展開を可能にしている。「スタジオシステム」の活性化により、韓国の制作会社はドラマのＩＰ（知的財産）権を確保し、その活用に注力している。例えば、ドラマ『冬のソナタ』は海外でのＩＰ展開の成功例を示し、それが単なる夢物語ではなく、現実に実現可能なものであることを証明した。

このようなシステム移行に伴い、韓国のドラマ業界では、新たな区分けが生まれた。テレビ局から放映されず、インターネット配信プラットフォームを通じて世界に配信されるドラマは「オリジナルドラマ」と呼ばれ、テレビ局に販売されて編成が前提となる作品は「ライセンスドラマ」と名付けられている。

ドラマの補助輪、ウェブトゥーン

２０１９年に韓国発のゾンビドラマとして世界的な人気を博した『キングダム』は、脚本家キム・ウニ氏によるウェブトゥーン作品『神の国』を原作として制作された。『神の国』は２０１５年にウェブトゥーンで連載を開始した。ゾンビという一般的ではない題材を扱い、特殊効果など制作上のハードルが高いため、制作費用の確保が難しいと判断したキム

図 7-1 ドラマ制作のシステム変化（著者作成）

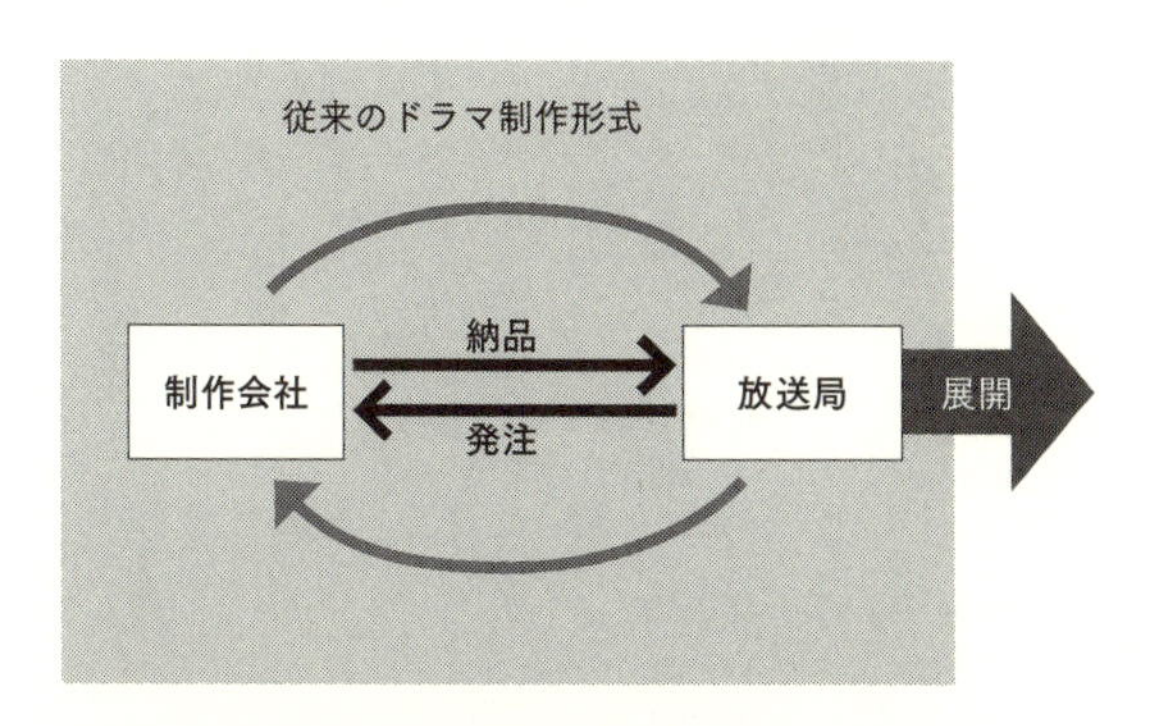

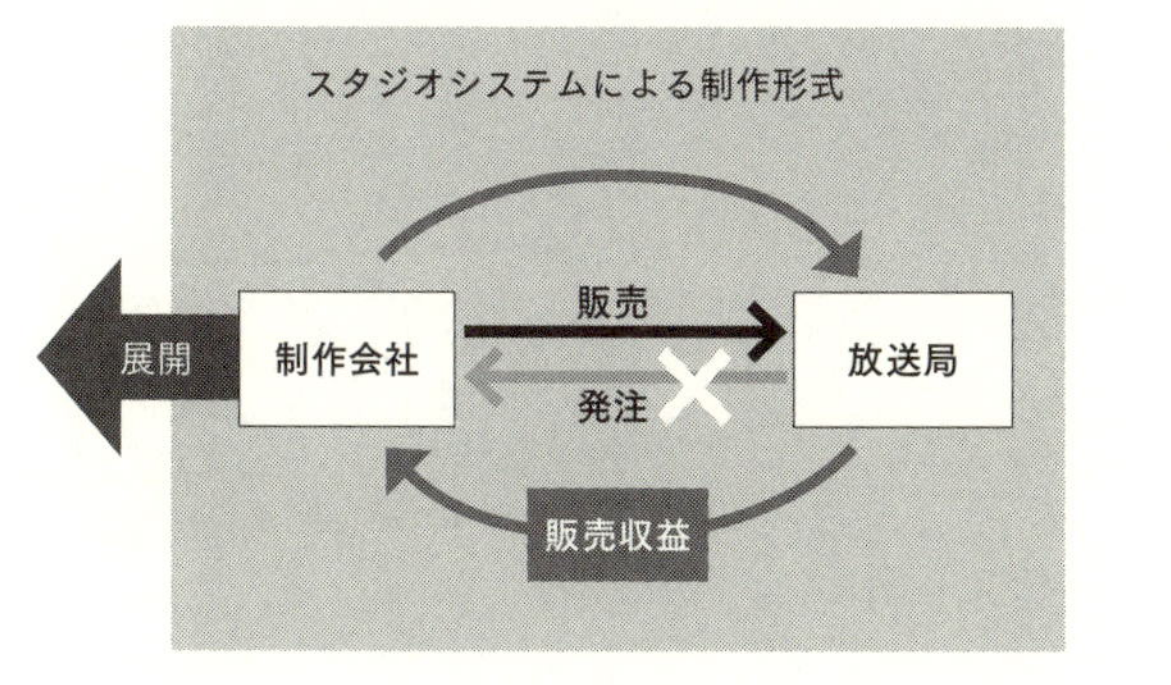

氏は、まずウェブトゥーンで作品を発表したのである。

ウェブトゥーンでは分業制が一般的であり、キム氏はストーリー作家として執筆を担当し、全12話という短い構成ながらも高い人気を集めた。その2年後の2017年にドラマ化が決定し、2019年にネットフリックスでオリジナルドラマとして配信がスタートした。配信後、世界視聴ランキングで2位にまで上り詰め、韓国ドラマを代表する作品の一つとなった。さらに、2020年にはシーズン2の配信が開始され、映画化など新たな物語へと展開が広がった。

ウェブトゥーンを原作としたドラマや映画などの映像化が増加していることから、ドラマ脚本家やドラマデビューを目指す若い作家たちが、ウェブトゥーンのストーリー作家として活動を始めるケースが増えている。特に、ウェブトゥーンで支持を得た作品がドラマ化される際、原作のストーリー作家がそのままドラマ脚本家として起用されることも多い。実際に、『梨泰院クラス』や『地獄が呼んでいる』では、ウェブトゥーンの作家がドラマの脚本まで手掛けた。このように、ウェブトゥーンとドラマはクリエイティブ面でもビジネス面でも密接な関係を築いており、切り離せない存在となっている。

ウェブトゥーン（WEBTOON）は、もともと「ウェブで読むインターネット漫画」を指し、従来の出版漫画とは区別される概念として使われてきた。しかし、スマートフォンの普及によりその概念は大きく変化した。一時期、フラッシュソフトを使って制作したウェブアニメーションやウェブ上で作られたすべての漫画の総称として使われていたが、現在では、縦長の画面に合わせて一コマずつ縦にスクロールして読むものをウェブトゥーンと呼んでいる。グローバル市場では、日本の漫画が「MANGA」とカテゴライズされているのと同様に、ウェブトゥーンは韓国のデジタル漫画として認識されている。

第20回文化庁メディア芸術祭のマンガ部門で優秀賞を受賞した『ミセン－未生－』を手掛けたウェブトゥーン業界の大御所、ユン・テホ氏は、ウェブトゥーンの特徴について次のように語っている。「ウェブトゥーンは非常に直感的なジャンルです。簡単に言えば、テレビ番組と違って読者が自分で読むスピードをコントロールできるのです。かつてウェブトゥーンは、音楽とアニメーションを取り入れていた時期がありましたが、これは読者側がコントロールできない要素であるため悪手でした。ウェブトゥーンは、独自のリズム感を持った作品が好まれます。読者が自分好みの一定の速度で縦スクロールをめくっていけるように、絵やセリフを配置することが重要だと思います」[2]

ウェブトゥーンが原作として初めてドラマ化された作品は、２０１０年に放映された『メリは外泊中』である。この作品では、恋愛には縁遠くキスも未経験の女子大生ウィ・メリ（ムン・グニョン）が主人公で、彼女は条件の揃った完璧な男性であり音楽&映像プロデューサーのジョン・イン（キム・ジェウク）との政略結婚を父親から強いられる。しかし、それに反発したメリは、偶然出会ったインディーズバンドのボーカル、カン・ムギョル（チャン・グンソク）と偽装結婚をすることに。こうして、男女が織り成す「二重仮想結婚」の物語が展開される。

この作品に対する視聴者の反応は冷たく、最終回の視聴率は7・3%にとどまった。当時の報道によると、同時期に放送されていた他チャンネルのドラマは16%や29%といった高視聴率を記録していた。『メリは外泊中』は、ムン・グニョンやチャン・グンソクといった青春スターの出演で放送前から話題を集めていたものの、「二重仮想結婚」という斬新で不慣れな題材が、主な視聴者層であるお茶の間では受け入れられなかったと指摘されていた[3]。

そこから4年後、韓国ドラマ史に名を刻むほどのウェブトゥーン原作の大ヒット作品が誕生した。それが、新入社員が仕事に奮闘する姿を描いた『ミセン－未生－』である。この作品は、従来の韓国ドラマにありがちだった恋愛や記憶喪失といった要素を排除した点で注目を集め、韓国内で社会現象を巻き起こした。２０１６年には、日本でリメイク版『ＨＯＰＥ～期待ゼロの新入社員～』がフジテレビで放映され、原作漫画の邦訳版も講談社から出版された。『ミセン－未生－』を契機に、ウェブトゥーンを原作とするドラマ制作が次々と登場することとなった。２０１０年から２０２２年までにドラマ化されたウェブトゥーン原作の作品数は、地上波テレビで29件、ＣＡＴＶ系列44件、グローバルＯＴＴで16件と、合計89件に上る。ウェブトゥーンの二次利用が非常に顕著な時代が到来したのである。

このように、ウェブトゥーンをドラマの原作として積極的に採用した背景には、２０１１年からの総合編成チャンネルの立ち上げをはじめとする多チャンネル化によるメディア競争の激化が挙げられる。それに伴い、チャンネルの認知度向上や広告収入の確保、さらに若者のテレビ離れを防ぐために、ウェブトゥーンのファンをドラマの視聴者層に取り込む戦略が徹底的に展開された。また、映像制作会社がウェブトゥーンに注目した理由

2　黄仙惠『韓国コンテンツのグローバル戦略 韓流ドラマ・K-POP・ウェブトゥーンの未来地図』（星海社、２０２３）
3　ジョイニュース「『メリは外泊中』視聴率は外泊中？月火ドラマの最下位」 https://www.joynews24.com/view/528815 （２０２４年11月16日閲覧）

の一つに、ウェブトゥーン独自の形式がある。カラーで描かれ、一コマずつ縦スクロールで読むウェブトゥーンの形式は、まるで映像のワンカット（ワンシーン）のような編集を可能にするため、映像化に適しているという点も大きい。

一方、多くのドラマ制作会社が、ウェブトゥーン原作が増える理由として挙げるのは、その話題性と物語性である。人気ウェブトゥーンのドラマ化が発表されると、SNS上で俳優のキャスティングなどに対する関心が高まり、それが初期視聴率に直結する効果をもたらす。また、単行本の発行部数が正式に公表されない場合があるのに対し、ウェブトゥーンは閲覧数を誰でも確認できるため、作品の人気度を測りやすい。視聴者は、自分が好きだったウェブトゥーンのプロデューサーになったかのような感覚で、キャラクター設定や仮想キャスティングを楽しみながらSNS上で盛り上がりを見せる。このように、自然発生的なバイラル広報効果が期待できるのだ。さらに、ウェブトゥーンとドラマの内容を比較し、多様な意見が飛び交うことで、作品の面白さが一層高まる効果も見逃せない。

もう一つの特徴は、多様な物語性である。ギャグ、ファンタジー、アクション、恋愛、スリラー、時代劇、スポーツ、日常生活など、ウェブトゥーンは無限の世界を自由に描くことができる。一時的な人気ジャンルに偏った作品だけを揃えると、ウェブトゥーン特有の「直接読者に届く」という利点を活かすことが難しくなる。そのため、インターネットポータルサイトで連載される作品には、多様性が強く求められる。これにより、多様なユーザーのニーズに応えることが可能となり、幅広い読者層を取り込むことができるのだ。

2022年5月、日本のテレビ局がウェブトゥーン産業に参入するという記事が報じられた。日本を含め、アジアや欧米でも急速に拡大しているウェブトゥーン市場において、TBSは韓国にウェブトゥーン制作会社「Studio TooN」を設立。この会社を拠点に、注目を集めるウェブトゥーンをオリジナルIPとして本場韓国で開発・連載し、その後、TBSのドラマなどの原作として映像化するという戦略を掲げた。すでに2作品、『キケンな嘘～君への3つのウソ～』と『ああ、恋愛したい』が韓国と日本で連載を開始している[4]。

日本のウェブトゥーン市場では、ピッコマとLINEマンガがトップを占めており、一つのコンテンツをウェブトゥーン、ドラマ、映画といった形で多角的に展開する韓国の「ワンソースマルチユース（OSMU）」戦略が日本でも通用している。実際、日本では韓国ドラマを見た後に原作のウェブトゥーンを読む人や、ウェブトゥーンにハマった結果韓国

4　Studio TooN https://studio-toon.com/（2024年11月18日閲覧）

ドラマまで視聴するケースが増加している。

ウェブドラマ、ショートフォームのドラマが続々

2022年夏頃、ドラマ監督を目指し、低予算のドラマを次々と企画・制作している韓国の大学生に出会った。彼女は韓国政府組織から支援金を受け取り、個人の性格を16タイプに分類するMBTIをテーマにしたウェブドラマを企画中だった。会話の中で、彼女が憧れの作品として挙げたのが、日本でも配信されている『中小企業物語』であった。この作品は、中小企業に就職した29歳の新社会人男性を主人公に描いており、旅行系ユーチューバーが脚本と監督を務めた。面白さや共感、ディテール、演技、ストーリー構成、キャラクター設定といった多岐にわたる要素が視聴者から高く評価された。特に、中小企業の社員たちからは「PTSDを呼び起こすほど現実の描写がリアルだった」という反応が寄せられるほどだった。このタイトルに馴染みがなかったため調べてみると、1話当たり10分未満のショートフォームのウェブドラマであることが分かった。

近年、韓国のドラマ市場で最も注目を集めているのが「ウェブドラマ」である。ウェブ

トゥーンが「ウェブで読む漫画」という独自の手法でジャンル化したように、「ウェブで視聴するドラマ」を意味するウェブドラマも、新たなドラマカテゴリーとして確立されつつある。

「ウェブドラマ」は、2000年前後にあるチャートプラットフォームのイベント映像から始まったといわれている。その後、2010年代後半にグローバルOTT（動画配信サービス）の台頭、特にネットフリックスなどの登場により、OTTオリジナルドラマもウェブ上で視聴される作品として「ウェブドラマ」と呼ばれるようになった。現在では、OTTオリジナルドラマとは区別され、特定のジャンルとして認識されるようになった。

ウェブドラマの特徴は明確である。まず、制作期間が短く、ランニングタイムも長くても20分を超えない。これにより、最新のトレンドを迅速に反映することが可能である。また、新人俳優や新人監督、脚本家の発掘の場としても注目されている。前述した『中小企業物語』では、ユーチューバーが脚本と監督を務め、誇張のないリアルな生活感を表現する俳優たちの演技が高い評価を得た。出演者も新人俳優や舞台出身の俳優が多く、次世代のクリエイターの登竜門として重要な役割を果たしている。さらに、K－POPアイドルの中には演技力を養う第一歩としてウェブドラマに出演するケースも増えている。

もう一つの特徴として、グローバルへの拡張性が挙げられる。ウェブドラマの多くはYouTubeを通じて直接配信され、世界中の人々が簡単に視聴できる環境が整っている。これまでは各国の放送プラットフォームと契約する煩雑な手続きが必要だったが、現在では各国語の字幕を付けてアップロードするだけで済むため、国境を越えた配信が容易になった。例えば、『中小企業物語』は「中小企業の面接」をテーマにしたエピソードが話題となり、アップロードからわずか2週間で100万ビューを突破した。さらに、2022年にはカンヌ国際シリーズフェスティバルの非競争部門にも招待され、国際的な注目を集めた。

また、ウェブドラマは広告や編成の制約が少ないため、テレビドラマのように広範な年齢層を狙う必要がなく、ターゲットを絞り込むことが可能である。成功した例として、『A-Teen』が挙げられる。この作品は、10代の若者たちが日々の選択や悩みを通じて成長していく姿を描いた共感型ロマンスストーリーで、ウェブドラマ史上初めて1億ビューを記録した。既存のテレビドラマを凌ぐ人気を10代の間で獲得した点は、ウェブドラマならではの強みを示している。

このように、明確なターゲティングを行うウェブドラマの最大の特徴は「ショートフォーム」である。ウェブトゥーンと同様、どこでも気軽に楽しめる存在として、場所や時間を問わず文化を消費する「スナックカルチャー」の一つといえる。このスタイルでは、「共感」が重要視されており、視聴者が日常の中で手軽に物語を楽しめる点が魅力となっている。

ショートフォーム映像といえば、TikTokのようなSNSコンテンツが代表的だが、ウェブドラマに特化した専用プラットフォームも次々と登場している。例えば、日本国内最大級のショートドラマ配信アプリ「バンプ（BUMP）」や、新たにショートドラマ制作に特化した「ファンドラ（Fundora）」は、韓国・中国・日本でのウェブトゥーン制作経験を活かしたサービスを展開している。他にも「ビグルー(Vigloo)」、「トップリールス(Top Reels)」など、ショートドラマを専門とするプラットフォームの拡大が進んでいる。

ショートフォーム映像の潮流はドラマだけにとどまらず、映画産業にも影響を及ぼしている。例えば、映画『4分44秒』は、4分44秒のエピソードを8本組み合わせた作品で、全体のランニングタイムはわずか44分だった。この映画は公開から10日間で4万人の観客を動員した。配給を担当したロッテエンターテインメントの関係者は、「ショートフォームに慣れたMZ世代をターゲットに、彼らが好むホラースリラーというジャンルと、直感的に記憶しやすい数字〝4〟をマーケティングに活用した」と述べている。また、観覧料を4000ウォンに設定するなど、若年層の興味を引く要素が奏功し、観客の60％以上が10～20代で占められた[5]。このように、ショートフォーム映像はウェブドラマや映画といった多様なジャンルで、現代の文化消費スタイルに適応した形で進化を遂げている。

コラム ウェブトゥーン『ナックルガール』作家 チョン・サンヨン氏に聞く！

2003年にNHK BSで放映されたドラマ『冬のソナタ』をきっかけに始まった日本での韓流は、現在「第5次韓流」に向かっているといわれている。韓国文化やコンテンツ産業の発展を反映した韓流は、ドラマやK－POPにとどまらず、食、美容、ファッション、旅行、コミュニティなど幅広い分野と産業で成長・拡大を続けているのは間違いない。そこで、「次に来る韓流は何でしょうか？」という質問をよく受けるが、私は自信を持って「ウェブトゥーン」だと答える。

韓国で連載されたウェブトゥーンの中には、国内で映像化されず、海外で映画化され話題となった作品もある。その一例が『ナックルガール』である。この作品の作家であるチョン・サンヨン氏に、作品の魅力や、ウェブトゥーンが持つ持続可能な要素について伺った。

【代表作品】
１９９６年　少年ジャンプ『ミスター・ブー（原題）』
２０００年『発作（原題）』
２００７年　スクウェア・エニックス『激流血』
２０１４年『ナックルガール』
２０２２年『喧嘩屋（原題）』

黄：『ナックルガール』という作品を企画・構想する際に、どのような背景や経緯があっ

5　HUFFPOST「4分44秒の映画が映画館で公開された：では、チケットの値段は果たしていくら？」https://www.huffingtonpost.kr/news/articleView.html?idxno=232732（２０２４年11月18日閲覧）

たのでしょうか？

チョン：2000年代は、漫画出版や雑誌市場が低迷していた時期で、まだウェブトゥーンが商業化されていない過渡期でした。そのため、多くの韓国の漫画家は日本の出版市場に注目し、進出を試みていました。『新暗行御史』の成功を見て、日本進出に挑戦する作家も多かった時代です[6]。私も2004年から日本の出版社に企画を送り、連載を試みていました。

そのような状況の中で、韓国の密陽（ミリャン）で、集団性的暴行事件が発生しました。その事件をモチーフに、地域社会に居場所を失い、自制心をなくした少女が、性的暴行事件に対して力で復讐を果たすというテーマで『ナックルガール』を企画しました。この企画をスクウェア・エニックスに送ったところ、編集部会議で5点満点中4・8点を獲得したものの、連載には至りませんでした。そのため、企画は一旦保留となりました。

しかし、その後、韓国でウェブトゥーンが隆盛を迎え、プラットフォームも多く立ち上がりました。ちょうどその時、『ナックルガール』をウェブトゥーンとして制作し、韓国での連載に進むことになりました。

黄：妹の復讐のために女子高生が活躍するアクションシーンが際立つ作品でした。なぜ女子高生を主人公にしたのですか？　アクションや複数のジャンルを考えると、成人女性を主人公にする設定も考えられたのではないでしょうか。

チョン：企画のモチーフが韓国の密陽（ミリャン）事件だったため、自然と高校生たちの物語からスタートしました。当初の草案では、被害者である女子高生の彼氏が復讐するという設定も考えていましたが、ボクシング選手のお姉さんが復讐するほうが、よりドラマチックだと感じ、設定を変更しました。企画してからかなり時間が経っていて正確には思い出せないですが、リアルな格闘を表現したいと考えていたので、女性が情緒的・肉体的な限界を乗り越える様子を描くほうが面白いと思ったんです。

6　『新暗行御史』（SHIN ANGYO ONSHI、しんあんぎょうおんし）は、小学館のコミック誌「月刊サンデーGX」（ジェネックス）で連載されていたファンタジー漫画。原作は尹仁完、作画は梁慶一が担当の、韓国人による連載漫画。また、日本のアニメーション制作プロダクションオー・エル・エム（OLM）と韓国のキャラクター・プラン（CHARACTER PLAN）によって作られた日韓共同合作劇場アニメ作品。全17巻。外伝を集めた『新暗行御史 外伝』、ガイドブックの『新暗行御史「アメンオサ、その真実と使命」』がある。

黄：『ナックルガール』を手掛ける際に、最も大切にしたことは何でしたか？　読者に伝えたいメッセージについても教えてください。

チョン：被害者という立場に甘んじるしかなかった弱者が、自分の限界を乗り越え、自らの道を切り開いていくというメッセージを伝えたかったのです。作業当時は、ファンタジーアクションではなくリアルな格闘を描くことを目指していました。そのため、作画家のユ・サンジンさんと毎週ミーティングを重ね、資料調査を行いながら、私自身も格闘技を学び、動作の正確な描写に重点を置きました。

黄：『ナックルガール』はウェブトゥーンとしての成功にとどまらず、日本では映画化され、アマゾンプライム・ビデオを通じて世界中に配信されました。映画化の提案を受けた時、原作者としてどのように感じましたか？

チョン：韓国で連載していた当時も、国内の映画制作会社から何度かオファーを受けましたが、契約には至りませんでした。その後、日本のピッコマで連載が始まり、制作会社のクロスピクチャーズから映画化のオファーを受け、ついに契約が成立しました。もともと、過去の企画はあまり振り返らない性格なので、映像化が実現するとはほとんど考えていなかったんです。昨年、東京国際映画祭に映画会社から招待された時には、かつて日本の出版社に『ナックルガール』を連載しようと奔走していた頃を思い出し、感慨深い気持ちになりました。本当に、人生はどうなるか分からないものだと実感しました。

黄：映画『ナックルガール』をご覧になりましたか？　ご感想をお聞かせください。

チョン：シナリオ作りでかなり苦労されたと聞いています。どうやらウェブトゥーンをもとにした作品では、高校生が主役になるほうが人気が出やすいのですが、映画のような映像作品では、登場人物を成人にするほうがより大衆受けしやすいようです。ウェブトゥーン『ナックルガール』では悪役が高校生で、ジュニンの傘下組織「ジュニアジュニン」が登場しますが、映画版では実際の大手企業のカルテル「ジュニン」が登場しています。そのため、脚色にはかなり苦労されたのではないかと思いました。それでも、私がこだわった主要なアクションシーンや用語、背景などが映像化され、スクリーンに映し出された時には、まさにこれが映像化されたウェブトゥーンの原作者としての感慨深い瞬間だと感じました。アクション娯楽映画として楽しく観ることができました。

黄：『ナックルガール』は、韓国では映像化されず、海外で映画化されたことから、確かに原作のパワーが強かったのだと思います。どのような点が海外の制作スタッフに印象的に伝わったのでしょうか？

チョン：ウェブトゥーンを作る際、映像化を意識しながら作業を進めることはないです。とりあえず、最高のストーリーを読者に届けることが最も大切です。その段階では映像化やグローバルな興行展開については深く考えていません。2023年、映像化に関わる映画会社やアマゾンスタジオの方々と話をする中で、私がウェブトゥーンを通して伝えようとしたエネルギーを彼らがしっかりと受け取ってくれていたことに感謝の気持ちを覚えました。

また、私自身、90年代に日本の漫画（『ドラゴンボール』や『SLAM DUNK』など）を読んで育ち、その影響で漫画家を目指すようになりました。そのため、私が企画した作品が、日本の漫画的な雰囲気にマッチしているのだと、映画『ナックルガール』を見て実感しました。

黄：韓国コンテンツのグローバル進出は、ジャンルを問わず非常に活発です。特に、縦読みスタイルのウェブトゥーンは、新しいコンテンツ市場と文化（縦スクロール）を開拓したと評価され、注目を集めています。この特有の縦読み形式を活かした独自の手法が存在するのでしょうか？　作業を進める中で、縦読み形式を意識する際に気をつけている点は何ですか？

チョン：私は日本の雑誌システムを取り入れた韓国の雑誌でデビューしたため、初めてウェブトゥーンを作った時、縦スクロール形式に非常に苦労したことを思い出します。縦方向は無限に描けるのに対して、横幅が狭すぎて、どうやってこの問題を解決するかで悩んでいました。当時は今のように多様なインパクトを与える演出方法がなく、世界中にもこの形式に特化した表現が存在しませんでした。そのため、漫画本の演出に慣れていた作家たちは、まさに苦しい時代を経験していたといえます。

しかし、連載を続ける中で新作を作りながら、私自身や他の作家たちが実験的な演出を試みるようになり、新人作家の作品からも刺激を受けることで、ウェブトゥーンという一つのジャンルが発展してきたのだと思います。5年、10年前のウェブトゥーンを見ると、フォントが小さすぎて可読性が低下していることに気づきます。

ウェブトゥーンの縦読み形式の作法は、スマートフォンに最適化された可読性に発展してきました。フォントの大きさ、カット間の空白と作画の調和など、各ビジュアルがスマートフォンの画面上でインパクトを与えるように工夫されています。これが、私が意識している点であり、後輩たちにもアドバイスしていることです。

黄：日本の学生たちは韓国ウェブトゥーンの特徴として「没入感」を最も重視しているといいます。『ナックルガール』に関しても、読者の没入感を意識した部分について教えてください。

チョン：最近の傾向として、成長を待てずに、すでに完成されたキャラクターで始まる作品が多いようです。しかし、私は成長型キャラクターに魅力を感じています。『ナックルガール』の主人公ソヌ・ランも、格闘のフィジカルや不遇な家庭環境という限界を乗り越える過程を描くことで、成長の物語を表現したかったのです。

また、この作品では「誰が犯人なのか」というミステリー要素を取り入れ、リアルな格闘シーンとスリラーの要素が融合することで、物語の序盤に読者を引き込むフックを作りました。例えば、大柄な柔道選手カン・ジュングとの初対決で負けそうになり、逃げるソヌ・ランのシーンは、読者にリアルな格闘感を伝えつつ、妹を暴行した犯人を追うスリラー的な要素が、結果的に没入感を高める一因になったのだと思います。このような要素が、読者に深い共感や感情的な引き込みを生み出す力になっていると考えます。

黄：ウェブトゥーンの制作において、余白や台詞、ト書き、カラーなどの編集デザインが読者との「呼吸を合わせる手法」として捉えられている点は非常に興味深いです。学生たちが「読者と呼吸を合わせる」という表現をしたことは、まさにウェブトゥーンの特性を的確に捉えたものだと思いますが、いかがでしょうか。

チョン：私自身は、漫画本のカット演出を通じて演出技術を学んできたため、ウェブトゥーンに適応するのに、むしろ新人作家よりも苦労しました。ウェブトゥーンはスマートフォンに最適化される可読性が重要です。そのため、余白、台詞、ト書き、効果音、吹き出しなどの各要素を一つのビートのように捉え、そのビートの組み合わせによってリズムを生み出すように心がけています。リズム感を持たせながら縦スクロールで読者に自然に伝わるようにしています。

作業中は何度も縦スクロールを確認しながら、余白や台詞、効果音、吹き出しの位置を微調整します。静的なシーンと動的なシーン、それぞれのシーケンスが持つ意図に合わせて調整し、インパクトを最大化するように意識しています。読者が満足したというコメントを目にすることで、やっと安心できるという気持ちで、制作に取り組んでいます。このように、読者の呼吸を感じながら、細部まで緻密に計算されたウェブトゥーンの演出が没入感を生み出しているのです。

黄：日本の漫画もお好きですか？　一番印象深い作品をお聞かせください。

チョン：1990年代に多くの日本の漫画に触れた経験が、創作に大きな影響を与えています。

先日亡くなられた鳥山明先生の『Dr.スランプ』を読んだ時のカルチャーショックが忘れられないです。物語の深さに強い衝撃を受けました。『ドラゴンボール』、『SLAM DUNK』、『AKIRA』、『攻殻機動隊』、『無限の住人』、『蒼天航路』、『行け！稲中卓球部』、『ドラゴンヘッド』、『銃夢』など、どうしてこんな話をこのように表現するのか驚異的で、日本の漫画界に憧れました。『AKIRA』については、絵もそうですが、ストーリーにも驚愕しました。

黄：海外で韓国のウェブトゥーンがたくさん読まれています。グローバルコンテンツの観点から、どのようなストーリーが最もよく伝わると思われますか？

チョン：韓国ウェブトゥーンが海外で多く読まれる背景には、ストーリーの普遍的なテーマやキャラクターの魅力があるものの、やはり作家自身の「面白いと思うもの」が強く反映されているからこそ、世界中の読者にも共感されやすいのではないでしょうか。「自分のことをよく知って、何を面白がり、それをどう伝えるか悩む」という姿勢は、グローバルに通用するクリエイティブの核を捉えているように感じます。

黄：2023年に連載が終わった『喧嘩屋（原題）』も『ナックルガール』のようにアクションジャンルです。アクションジャンルにこだわる特別な理由はありますか？

チョン：デビュー作は『ミスター・ブー』というギャグ漫画でした。日本側から格闘ジャンルの仕事を頼まれたので、ボクシングや格闘技の取材を始めました。取材するたびに好きになり、プロライセンスまで取得し、ますます面白い作品を手掛けたい衝動がありました。『喧嘩屋（原題）』は、単なる格闘技の物語ではなく、ジェントリフィケーションという社会問題も結びつけようと本も何冊か読んで資料調査を行いましたが、ストーリーを面白くするには限界があると感じました。それでも、スピード感があって、熱くて、楽しい現実的な格闘物語をうまく作ろうとする情熱は相変わらず強いので、いつか別の企画に挑戦しようと思っています。

黄：今後の作品計画と韓国ウェブトゥーンの展望について教えてください。

チョン：現在、『ナックルガール』シーズン2を制作中で、２０２４年7月にピッコマでのリリースを予定していましたが、さまざまな事情により遅れています。近いうちにはピッコマを通じて、皆さまにシーズン2をお届けできる見込みです。

韓国ウェブトゥーンの未来については、スマートフォンを活用した韓国発の新しい大衆メディアとして、これまで世界中の読者に受け入れられてきました。今後もさらにグローバルに成長していくことが期待されます。引き続き応援をよろしくお願いいたします。

第8章
インタビュー　日韓協業の可能性

『グッド・ドクター』、『ヴィンチェンツォ』、『熱血司祭』脚本家　パク・ジェボム氏

〝日本のドラマが好きです。素朴な雰囲気がありつつも、小市民的な日常を丁寧に描いた絶妙なディテールには細やかな楽しみがあります。その点では、韓国ドラマよりも一歩先を行っていると感じます。一方で、韓国ドラマは洗練された作品が多く、広がりのある世界観を描くことが求められます。日本のドラマは日常に寄り添った物語が多い印象です。タイトルを見ても、まるで本のタイトルのような趣や、趣味を連想させるものが多いですね。韓国では、より刺激的で現実を反映した内容が好まれる傾向があり、制作費も多くかかるのが実情です。こうした両国の特徴を活かし、交流を通じて互いに刺激や学びを得ることは、とても意義深いことだと思います。両国のドラマがそれぞれの良さを高め合いながら発展していく未来を期待しています〟

日韓の協業についてこう語ったのは、脚本家のパク・ジェボム氏。彼が手掛けた人気作品『グッド・ドクター』と『ヴィンチェンツォ』は、日本との協業を経て、それぞれドラ

マのリメイクやミュージカルの舞台化が実現した。また、アメリカとの共同制作を経験した彼は、国際共同制作の重要性を強調している。特に日本と韓国のコラボレーションについては「日韓は、最強のライバルでありながら、最高の師匠と弟子になれる」と語り、その相性の良さを評価している。そんな彼に、日韓の協業の在り方について伺った。

【代表作品】
2002年『パンツモデル』
2010年～2014年『神のクイズ』シーズン1、2、3、4
2013年『グッド・ドクター』
2017年『キム課長とソ理事 ～ Bravo! Your Life ～』
2019年『熱血司祭』
2021年『ヴィンチェンツォ』
2024年『熱血司祭2』

黄：どうして脚本家になったのですか？

パク：最初から映画を作りたいとか、ドラマを書きたいと決めていたわけではありません。フィクションをでっち上げるのが好きで、人を楽しませることが好きでした。それが演出であれ、脚本であれ、演劇であっても同じです。ただ、俳優やコメディアンではなかったので、創作物を通じて人々を楽しませる道を選びました。幼い頃、面白い映画を見ると「自分もこんな面白いものが作れるだろうか」と思ったことがありました。しかし、監督や脚本家になろうという具体的な計画はありませんでした。ただ「何かを作ってみたい」という気持ちがあっただけです。

黄：『グッド・ドクター』は韓国ドラマの海外進出の新たな一章を切り開いた作品として知られていますが、執筆のきっかけは何ですか？

パク：死亡原因不明の遺体を調べる法医官の物語『神のクイズ』のシリーズを手掛けていた中で、初めて地上波で公共放送のゴールデンタイムにドラマが決まり、意義のある作品を作りたいという気持ちがありました。脚本家なら誰でもそうだと思いますが、その時関心のある分野がドラマのテーマになることが多いものです。当時、私の周囲には自閉症の方がいて、小児外科についても子どもの治療を通して学ぶ機会がありました。軽いケガから重い病気まで経験し、それらが結びついて生まれたのが『グッド・ドクター』です。

自閉症を扱うと医学広報のように偏りがちなため、小児外科とのつながりをどう描くか悩んだ結果、こうした形に落ち着きました。本来は別の作品として小児外科の使命感を描きたいと考えていたのですが、それが合わさった作品となりました。

『グッド・ドクター』の自閉症の小児外科医という設定は、医者が病気を治す立場でありながら同時に病気の側面も持ち合わせるというジレンマを描くためのものです。この設定を通して、視聴者の共感を得られると感じていました。実際、「公共放送局で放送できたのか？」と聞かれることもありますが、放送局の歴史に残る伝説的な作品として語り継がれています。すべてのドラマ関係者が満場一致で編成を決めたと伝えられており、脚本家としても楽しさと感動を兼ね備えた作品だと確信していました。

黄：『グッド・ドクター』がアメリカでシーズン7まで制作・放映されていますね。ここまで続くということは、単なる韓国ドラマのリメイクではないと思います。ほとんどのエピソードが新しい話になっているように感じますが、どのようにお考えですか?

パク:それは仕方がありません。なぜなら、病院、医療現実、保険などすべて違います。キャラクター以外にそのまま活用できる部分がありません。特に病院組織の上下構図はアメリカでは存在しませんでした。

日本でのリメイクドラマを見ながら国ごとに特色があると思いました。アメリカは自閉症の人が多く、できるだけ現実に近いキャラクターとして描かれていましたが、日本は韓国と同じように親しみと可愛さでアプローチしてきたようです。アメリカや日本はそれぞれの国の個性をよく活かして文化によく適応してリメイクされたと思います。トルコでもリメイクされたのですが、アメリカの作品と似たような感じでした。拒否感を与えずに共感をもたらす日本に比べて、アメリカは現実的な面が強調された点が特徴でした。

アメリカの『グッド・ドクター』の場合、クリエイターを除いて14人の脚本家が執筆しました。リメイクが確定した時、直接アメリカに行ってスタッフたちと議論も一緒にしました。多くのことが見えて、多くのことを学んできました。14人の脚本家は出身も多様で年齢も千差万別でした。前職も豊富で、弁護士、医師、自閉症当事者、トラックドライバーなど……。最も有名なアメリカドラマ『Dr.HOUSE』シリーズのデイビッド・ショアが『グッド・ドクター』企画とショーランナーを担当しました。アメリカがこのようにシリーズで物語とキャラクターを拡張したことについて漠然と予想はしていました。

黄：日本をはじめ世界中で人気を博したドラマ『ヴィンチェンツォ』が、最近日本でミュージカルとして公演されました。リメイクではなく、ミュージカルとしての提案があった時、どう感じましたか？　実際公演はご覧になりましたか？

パク：観客の多さに驚きました。日本ではこのような文化がしっかり根付いているんだなと感じました。韓国ではドラマや映画が舞台やミュージカルとして注目されるのは一部の作品に限られますが、日本はそれとは少し違うようです。おそらく、漫画が原作の作品が多い国だからでしょうか。大勢の観客が来たことに驚きましたし、ミュージカルや演劇をレパートリーとして楽しむ層が厚いと感じました。日本は多様なものを吸収し、広めていく力があると常に感じます。

『ヴィンチェンツォ』はミュージカルにもなり得ると思っていましたが、実際にミュージカルを観てみて、ミュージカルにふさわしい要素が十分にあったと改めて思いました。穏やかなドラマよりも、ドラマチックな構成が求められますし、どの国の人々が観ても共感できる愛や復讐といったメッセージやテーマが重要だと感じました。

黄：日本のミュージカル制作チームと話し合う中で、特にこだわった部分は何でしたか？逆に、現地にお任せした部分はどのようなところですか？

パク：プロットや物語の細かい部分は変更しても構いませんが、キャラクターが持つ本来の世界観だけはしっかり守ってほしいと思いました。『ヴィンチェンツォ』の場合、主人公の弁護士は「自分に害を与える相手には3倍、愛する女性に害を与える相手には5倍で復讐する」という信念を持ちながらも、ソフトで魅力的な一面を持つキャラクターです。この本質さえ守り、キャラクターの固有性をしっかりと伝えてもらえれば十分だと考えていました。

黄：韓国ドラマは日本のドラマと比べて、エピソード数や登場人物が多いですね。それをミュージカルにすることは可能だと思いましたか？　直接ご覧になったと伺っていますが、言語の壁もあったと思います。どのように感じられたか、お聞かせいただけますか？

パク：ドラマに対する感性において、日本と韓国の間に大きな違いはないと思います。今回のミュージカルを観て、物語が効率よくまとめられていると感じました。20話分を2時間に凝縮するのは難しいと思いますが、一つの舞台を3つ、4つに分けて進行する工夫に感動しました。綿密な企画やキャスティングにも大変満足しています。この作品を通じて、再創造の素晴らしさを改めて実感しました。日本と韓国では、共感するポイントが似ています。キャラクターを深く掘り下げる姿勢や、人間の内面を描く部分がそうです。海外で初めて舞台化されるにあたって、原作者としてどのように協力できるか悩んだ部分もありましたが、原作を活かしたミュージカルに再創造されたことを嬉しく思います。

黄：パクさんの2つの作品（『グッド・ドクター』と『ヴィンチェンツォ』）が日本で自主制作を通じて新たに披露されました。この二作品を通じた日本とのコラボレーションについて、いかがでしたか？　文化や価値観の違いなどもあったのでしょうか？

パク：作品だけでなく、放送局をはじめとする日本の知人も多く、常に相談したり、作品について語り合っています。いつも日本とのコラボや協業に向けた心構えはできています。しかし、これは一人で準備できることではありません。協業において、両国の制作システムには限界がある場合もあります。2つのシステムが完全に共存することは難しいです。脚本が一番協力しやすい部分かもしれません。

日本のドラマの脚本を韓国で多く紹介し、その価値を発掘することが重要です。単なる形式的な協業ではなく、実質的なクリエイティブな制作活動が大切です。例えば、日本の監督の作品や脚本による協業など、可視化して宣伝していくことが重要です。現在準備中の作品はホラーですが、日本との協議を続けています。

今、韓国の地上波で放映中の『完璧な家族』では行定勲監督が演出を担当されています。演出やカメラアングルの違いも見どころです。日本の監督が演出すると、全キャストが韓国人俳優で韓国ロケーションであっても、日本映画のように感じるところがあるんです。個人的には、このように特色をおさえつつ協業することも国際協業の課題だと思います。アメリカのドラマでは、中東出身の脚本家が書いてもアメリカらしい色合いが出ているように、国際協業でも各国の個性が融合することが理想です。例えば、アップルティーヴィープラス（Apple TV+）のドラマ『Pachinko パチンコ』のような形が目指すべき姿でしょう。

若手クリエイターたちが国内外で活躍し、多様なストーリーや作品を通じて活動の場を広げてほしいと思います。日本も韓国も、少し停滞しているように感じることがあります。資本が保守的になるのは理解できますが、若手クリエイターを育成するためには進歩的な投資が必要だと思います。

黄：日本は韓国にとって最も近い隣国ですが、歴史的・政治的な問題がいくつも散在しており、日韓関係は文化交流にも影響を及ぼすことがあります。クリエイターとして、日韓の産業交流についての展望をお聞かせください。

パク：政治や歴史問題を無理に大きく取り上げる必要はないと思います。協業においては、まずそうした問題を切り離し、共同創作に集中するべきです。創作に政治の色を介入させることは間違ったアプローチです。私たちが人々に楽しさを提供する立場にある以上、政治や歴史の問題を忘れるわけではありませんが、文化の本質を追求することが大切です。これは日本に限った話ではありません。国際協業において文化以外の要素を持ち込むのは好ましくないと思います。

また、日本は国際協業において模範的な事例を作り上げるための理想的な相手だと感じています。日本と韓国が大衆文化において一つの成功事例を築けば、他の国々とも協業を円滑に進められるはずです。

黄：日本は漫画、アニメ、ゲームなど、多彩なIP（知的財産）を所有しています。こうした日本のIPとの協業や、共同で制作してみたいと思う作品はありますか？

パク：アニメーション『鬼滅の刃』は最高の作品だと思います。娘と一緒に観たのですが、素晴らしかったです。その作品から影響を受けて、新しい企画を練っているところです。

日本との協業では、まず日本が最も得意とする分野を見つけ、そこから一緒に取り組むべきだと感じています。日本の優れた作品の要素を分析し、そこから協業の機会を見出すことが重要です。例えば、映画『るろうに剣心』は韓国でも非常に人気を集めました。俳優の演技や共感を得たポイント、ストーリーの展開を中心に、日韓で協業することが考えられます。もし韓国版の『るろうに剣心』を制作するなら、韓国が得意とするキャスティングやストーリーを取り入れてみたいですね。お互いに馴染みのある要素を活かしながら協業を進めることが、成功の鍵ではないかと思います。

また、「レーベル」を作るというのはいかがでしょうか。例えば、『孤独のグルメ』のような作品は日本が得意ですが、韓国はそのような分野が弱いと感じます。日本は「ひとりご飯」や「ひとり酒」など、独特の文化を描くことに長けています。『結婚できない男』のような作品をレパートリー化することも考えられますし、ドラマ『マルモのおきて』のような作品を一緒に作ってみたいです。単なるリメイクや輸出・輸入の枠を超え、お互いの文化を融合させることが重要だと考えています。

黄：ストーリーを作る上で、パクさんにとっての信念や確信があるとしたら、何でしょうか？

パク：特に大げさな信念というものはありませんが、私が面白いと思えば、友人も楽しんでくれると思いますし、友人が楽しんでくれれば、さらに多くの人々に楽しんでもらえると考えています。なので、まずは自分が一番面白いと思うものを全力で作り上げています。おそらく多くの脚本家が同じ考えではないでしょうか。周りの人が楽しんでくれる作品を作ることが一番の目標です。友人だけでなく、お母さんや娘など、幅広い年代の人々に満足してもらえる作品を作るのは大変ですが、そこを目指しています。

また、韓国で面白いと感じられる作品が海外でも楽しんでもらえることが理想です。韓国の視聴者は非常に厳しい評価基準を持っており、その期待に応えられることが大切だと感じています。時が経っても変わらない「人間」を描きたいですね。ブラックコメディのように、シンプルだけれど本質的な物語を追求しています。

黄：最後に、なぜ韓国の物語が世界的に人気を集めていると思いますか？　脚本家の立場からお聞きしたいです。

パク：韓国ドラマは、ある意味で刺激的で独特な「料理」のような存在だったと思います。しかし、それが新鮮である半面、1～2年で飽きられる可能性もあります。今は、韓国ドラマの魅力を振り返り、警戒心を持つべき時期だと感じています。

あるヨーロッパの学者が「韓国ドラマはアメリカドラマに似ているが、一方で非常に韓国的でもある」と言っていました。つまり、技術的にはアメリカのドラマに匹敵する水準に達しているものの、物語やメッセージには韓国特有の本質が込められているということです。

映像技術は急成長を遂げており、視覚的な楽しさも十分に保たれています。韓国ドラマには、西洋と東洋の要素がうまく融合されていることが、世界で支持される理由の一つだと思います。

『パッチギ!』、『フラガール』、『トリリオンゲーム』

──脚本家　羽原大介氏

私が羽原大介という脚本家に憧れを抱くきっかけとなったのは、映画『パッチギ!』だった。日本にいる間に一度でもいいから直接お会いして話をしてみたい、とずっと思っていた方だった。その夢が叶ったのは、２０１８年12月のことだ。当時、私は韓国コンテンツ振興院の日本代表を務めており、日韓のコンテンツ事業者やクリエイターをつなぐネットワーク作りを目的とした懇親会を企画した。その場に羽原大介氏をお招きしたのは、名目上は韓国ドラマ『サイン』のリメイク版を手掛けられたご縁があったからだが、実は別の思いがあった。それは、自分にとって「人生の作品」と呼べる『パッチギ!』のシナリオを書かれた脚本家に一度お会いしたい、という個人的な夢だったのである。

人間というのは、一つの夢が叶うと、それをきっかけに次々と新しい夢が叶っていくものなのだろうか。今回、私は羽原氏に「日本を代表するベテラン脚本家」としてお話を伺う機会を得た。テーマは、隣国・韓国との協業の未来について。

【代表作品】
2004年 映画『パッチギ！』
2006年 映画『フラガール』
2014年 ドラマ『マッサン』
2019年 ドラマ『サイン－法医学者 柚木貴志の事件－』
2022年 ドラマ『ちむどんどん』
2023年 ドラマ『トリリオンゲーム』

黄：15回、16回と2年連続で「アジアテレビドラマカンファレンス」の日本主催側代表を務められましたが、どのような経験でしたか？

羽原：とても刺激的なカンファレンスでした。普段は、特定の企画に呼ばれる立場が多いのですが、会議を招集し運営する立場になることはほとんどありませんでした。ですので、準備から運営、すべてを計画・実行する経験はとても新鮮で、大変ではありましたが多くの学びを得ることができました。具体的には、誰を招くか、どんなメニューでおもてなしするか、会議の内容をどう組み立てるかといった骨格作りや実行が、新しい発見の日々でした。また、精神的なプレッシャーや苦労があった分、達成感もひとしおでした。

特に和倉温泉の加賀屋で開催できたことが非常に助けになりました。加賀屋のおもてなし体制が完璧だったため、スムーズに運営が進み、その点には本当に感謝しています。

ただし、反省点や課題もあります。特に、日本国内への発信力がまだ不十分だと感じています。日本チームとして、戦略が練り切れていなかった部分や、参加した会社や個人だけでなく、業界全体、さらには国全体を巻き込むような広がりを持つ会議にするべきだと感じました。この課題を次回以降に活かしていきたいと考えています。

黄：韓国を含むアジア各国のクリエイター（脚本家、プロデューサーなど）との出会いを通じて、どのようなことを感じましたか？

羽原：まず、COVID－19の前に韓国で開催されたカンファレンスに参加した時から感じていたのですが、特に韓国チームは、アジア各国の中でも完全に世界に目を向けている印象を受けました。それに比べて、日本のクリエイターたちはまだ国内市場に向けた作品作りに意識が偏っていると感じています。

そして、再び日本で開催されたカンファレンスを通じて感じたのは、その差がさらに顕著になったということです。韓国はますます積極的に世界に進出しようとしている一方で、日本は引き続き国内市場にとどまっているという状況が強く印象に残りました。

黄：韓国ドラマ『サイン』を原作とした日本版『サイン－法医学者 柚木貴志の事件－』を手掛けられましたが、韓国ドラマの脚本に初めて取り組む中で、日本の漫画や小説などを原作とした場合との違いは何でしたか？

羽原：一番大きな違いは、やはり「原作がドラマである」という点ですね。日本の漫画や小説を原作にした場合、まずフォーマットをこちらで決められます。例えば、小説の内容を10本のドラマに分けるとか、どの部分をピックアップするかは、プロデューサーや脚本家が比較的自由に判断できます。しかし、『サイン』のように、すでに完成した韓国ドラマをもとにする場合は、全体の長さを日本のドラマフォーマットに合わせて短縮しなければならないという制約がありました。韓国版は20話以上あるのに対して、日本のドラマは通常10話以下ですから、かなり大胆な編集が必要でした。

その過程で、登場人物を減らしたり、複数のキャラクターを統合したりする必要がありました。これは漫画や小説でもよくある作業ですが、元が完成したドラマである以上、韓国の視聴者に愛された部分や要素を削るリスクも伴います。特に、『サイン』のような人気作では、その魅力をどうやって日本版で表現するかが難しい課題でした。

また、韓国ドラマ特有の「情緒的な深み」や「感情にじっくり時間をかける場面」が多いのですが、日本の1時間枠（正確には43分程度）ではそれを再現するのは困難です。そのため、要点を絞りながらも韓国版の良さをどう伝えるかを工夫する必要がありました。もし原作が小説だった場合は、もっと自由に解釈できたでしょう。小説の内容をどう展開するかは作り手の裁量にかかっていますが、完成された韓国ドラマという「基準」がある中でのリメイクは、自由度が低く、それが最大の難しさでしたね。

黄：映画『パッチギ！』は「人生の作品」ですが、そのシナリオを担当する際、迷いはありませんでしたか？

羽原：結論からいうと、迷いはなかったですね。というのも、この企画を提案された瞬間から、ものすごくチャレンジングな内容だと感じました。当時、日本の映画やドラマで在日の方や韓国、中国の方々が主要な登場人物になる作品はほとんどありませんでした。それは、そういったテーマを扱うだけで観ないという人が一定数いる、つまりお客さんの幅を狭めるリスクがあるからなんです。

でも『パッチギ！』は、その幅を最初から狭めてもいいから挑戦しようという企画でした。ターゲットを広く設定するのではなく、「この内容をやること自体に意味がある」という勝負の仕方ですね。それが映画ならではの強みでもあり、魅力でもありました。

さらに、個人的な背景も関係しています。私自身、在日の友人が多くいましたし、何よりも私の師匠が在日の韓国人で、韓国語が話せない方だったんです。そういった巡り合わせもあって、「これをやるのは自分に課せられた仕事なのかもしれない」と思えたんです。

黄：『パッチギ！』の主人公は高校生ですが、大人を主人公にすることは考えましたか？

羽原：いや、あの映画は高校生でなければ成立しなかったと思います。高校生という年齢だからこそ、無邪気で感情のままに行動できるし、政治的背景や意味を深く考えずに「自分の想い」を純粋に貫くことができた。

例えば、大人なら「これは現実的に無理だ」とか「こうしたら問題になる」といった打算が働く場面でも、高校生ならわがままを言えて、衝動的な行動が許されるじゃないですか。その自由さや勢いが物語の推進力になっていると思うんです。もし大人を主人公にしたら、全然違う物語になってしまったでしょうね。高校生の未熟さや純粋さこそが、『パッチギ!』の核だったと思います。

黄：『パッチギ!』が公開された2005年は、日韓関係がポジティブな時期でしたね。2002年の日韓共同開催ワールドカップや2003年からの韓流ブームなどの背景もありましたが、当時どのように感じられていましたか?

羽原：本当にそうですね。あの時期は、日本と韓国の間に前向きな風が吹いていたと思います。『パッチギ!』を制作する中で、取材を通じて多くのことを学びました。例えば、日本に放送禁止の歌があることや、在日の方々の生活背景、さらに韓国特有の文化や習慣など。映画を作る過程で、在日の方々や韓国の人々に対する理解が深まり、自分自身の中でとても親近感を持つようになりました。

特に印象的だったのは、取材を通じて得た新しい視点です。それまで知らなかった歴史や文化に触れることで、「知る」ことの大切さを改めて感じました。そして、それが映画のストーリーにも影響を与えています。そういった経験を経て、2002年のワールドカップやその後の韓流ブームなど、当時の日本と韓国の交流を、より近い視点で見られるようになったと思います。

とはいえ、2004年の時点では、まだ日韓間には乗り越えるべき課題も多かったです。それでも、『パッチギ！』という作品を通じて、少しでも日韓の相互理解を深めるきっかけになれたらと思っていました。その点で、この時期にこのテーマの映画を作ることができたのは、非常に意味のあることだったと思います。

黄：日本と韓国のクリエイター同士で何かを共創することはいかがでしょうか。韓国ドラマのリメイク版を手掛けた際に学んだことは何ですか？

羽原：共創については、学ぶことがたくさんありますね。ただ、正直言って、非常に大変だと思います。特に、韓国のように脚本家が共同チームでやるスタイルには、未だに完全には理解できない部分があります。感性やアプローチが一人ひとり違う中で、それをどう調整し、まとめ上げるかというのは、すごく難しい作業だと感じます。

例えば、リメイクドラマを手掛ける中で、オリジナルの作品と異なる視点を取り入れたり、新しい解釈を加えたりする必要がありますが、それでも感性の違いを調和させる作業は非常に挑戦的です。視聴者も一人ひとり感性が違うわけで、どこに焦点を当てて、どう表現するか、という点では、正解が見えにくい部分もあります。

韓国のように、脚本家が共同チームで作品を作るスタイルには、チーム内での役割分担や決定権のバランスがどう取られているのか、最終的な決定権が誰にあるのか、そのあたりがちょっと理解し切れていない部分もあります。でも、だからこそそのスタイルでやってみたいという気持ちもあるんです。共創を通じて、より多くの視点やアイデアを取り入れながら作り上げていく過程に、すごく魅力を感じています。

黄：韓国の制作会社と共同作品制作を進められていると伺いましたが、その過程で感じたことはありますか？

羽原：私が付き合っている韓国の制作会社の方々は、主にプロデューサーや管理職の方々ですが、やはり日本と比べて計画性が非常に効率的で合理的だと感じます。いつまでに何をどう進めるかというスケジュールが明確に立てられていて、その点では日本より断然しっかりしています。

また、内容に関しても、ターゲット層を明確に見定めた上で、他の似たような設定のドラマとの差別化を緻密に計算して企画を進めていく印象があります。韓国ドラマは、全体の企画が計算し尽くされているというか、「このドラマの核は何か」というコンセプトが非常に明確です。

一方、日本のドラマは、刑事や教師、医者といったテーマを中心にした安定的なフォーマットが多く、どちらかというと、後付けで核やターゲットが模索されるようなケースがあると感じます。もちろん、日本もゲームを原作としたドラマなどで新しい試みをしていますが、韓国のようなターゲットやコンセプトを明確にしたハイレベルな制作スタイルには、まだ及ばない部分があるのではないでしょうか。

黄：韓国ドラマ『完璧な家族』は、行定勲監督が演出を担当され、日本人監督が初めて韓国のテレビドラマを仕切った例として注目されました。脚本分野でも同様の展開は可能だと思いますか？

羽原：行定監督とは一度テレビドラマの仕事でご一緒させていただいており、映像美に優れた監督で、演出力もあり、特に絵作りがうまい方だという印象があります。それが今回のオファーの最大の理由ではないかと想像しています。ただ、われわれ脚本の分野では言葉の壁がやはり大きいですね。韓国語と日本語の違いがあるため、単に翻訳だけでは解決しない部分があると思います。個人的には、韓国で脚本に挑戦できる機会があれば、ぜひやらせてもらいたいと考えています。

ただし、日本の若手脚本家たちが果たしてそこを目指しているのかは疑問です。多くの日本の脚本家や脚本家志望者が、まだ日本国内のドラマや映画だけを目標としている印象があります。出口が日本の市場に限定されていることが、その一因かもしれません。

とはいえ、こうした国際的な取り組みは非常に興味深く、可能性は十分にあると思います。ただ、もっと若い世代同士でのコラボレーションが行われるのも良いのではないでしょうか。新しい視点やエネルギーを活かして、日韓の若い脚本家が協力する機会が増えることを期待しています。

黄：『ヴィンチェンツォ』の脚本家パク・ジェボム氏が「日本ドラマの風雅さや小市民的で繊細なディテール」を高く評価しています。羽原さんが思う、韓国ドラマの魅力は何ですか？

羽原：そうですね。自分も小市民をテーマにしたドラマには非常に興味があります。いつも、事実を見る時には庶民や大衆の目線を意識して、それをセリフに反映させたいと思っています。そういう意味で韓国ドラマには、しっかりとした取材や勉強の跡が感じられますね。

どの国でも医者、弁護士、教師、刑事といった職業がドラマになりやすいですが、韓国のドラマは特に新しい切り口や現代的なテーマを探し出し、それを独自のスタイルで描いている印象があります。また、バディものやコメディタッチの要素を取り入れつつ、人間ドラマをしっかりと描く点も魅力的です。これはアメリカのドラマにも通じる部分がありますが、韓国の作品は特にそのバランスが秀逸だと感じます。

さらに、自分は舞台出身なので、韓国ドラマの持つドラマ性やキャラクターの奥深さは、舞台化しても非常に面白いのではないかと思っています。韓国ドラマはその人間ドラマを軸にしつつ、エンターテインメントとしても完成度が高い点が魅力です。

黄：印象に残る韓国ドラマは何ですか？

羽原：最近では『SKYキャッスル～上流階級の妻たち～』はすごく面白かったですね。韓国ドラマ全般に感じるのは、情の濃さ、深さですね。それが描写の中にすごく色濃く表れていると思います。それに加えて、俳優さんたちのお芝居がとても優れている。これがハリウッドや日本ともまた違うんです。

日本では基本的に感情を表に出さない傾向があって、感情を表現するのが苦手な民族性があると感じます。逆にアメリカでは感情が大きく爆発し、自己主張の強いキャラクターが多い。でも韓国はそのどちらとも違って、独特の感情表現があるんですよね。うまく言えないんですが、あれが「恨（ハン）」の精神というのか、独特な深みがあるんです。韓国の俳優さんたちは、感情を一気に爆発させるシーンはもちろん、静かな場面でも深みを持たせる演技がうまいんです。それが、韓国ドラマ全体の独特な魅力として表れていると思います。

黄：『SHOGUN 将軍』がエミー賞で高く評価されたことは印象的でした。この日本の物語が評価された背景と、今後の日本のシリーズドラマの可能性についてどうお考えですか？

羽原：『SHOGUN 将軍』は確かに日本を舞台にした物語ですが、プロデューサーや監督、制作体制をすべて日本人が取り仕切ったというわけではありません。それがむしろ、今の日本が抱える課題の象徴だと感じます。日本国内には豊富な題材があります。歴史物や文化を掘り起こせば、魅力的な物語がたくさんあるのに、それを掘り起こす人が少なくなっている、あるいはうまくいっていないのが現状です。

特に邦画においては、アニメ作品が爆発的な成功を収める一方で、実写映画は低予算で小さなヒットを狙うという悪循環に陥っています。その結果、世界に通用する映画を作るという意識が弱くなり、大手制作会社を含む業界全体の意識改革が求められています。

ただ、今は時代が変わり、地上波放送だけでなく、多様なプラットフォームが利用できるようになりました。これにより、視聴者は異文化や異なる習慣、風習を学び、自分の視点で理解することが可能になりました。この「地球が狭くなった」時代に、作り手は自然と世界を意識しなければならないはずです。それにもかかわらず、日本のクリエイターはまだその意識が弱いと感じます。

日本のシリーズドラマや映画が今後さらに発展するためには、国内の豊かな題材を世界基準で魅力的に再構築し、グローバルマーケットを意識した制作を進めることが必要だと思います。それは「日本らしさ」を失うことではなく、それをより効果的に伝える方法を模索することだと思います。

黄：ストーリーを作る上で、羽原さんが信念として大切にしていることは何ですか？

羽原：必ずそうしているわけではなく、あくまで「なるべくこうしたい」と思っていることですが、何よりも血の通った人間を描くことを大切にしています。つまり、登場人物をロボットのように、作り手の都合で動かすような存在にはしたくないということです。キャラクターには命が宿っているべきで、それを動かすのは彼ら自身の意思や背景、感情であるべきだと考えています。

この考え方の原点には、故・つかこうへいさんの舞台作品『熱海殺人事件』があります。つかこうへいさんは、役者が変わるたびに台詞や演技を調整し、その役者にしかできないキャラクターを作り上げていました。このアプローチには、キャラクターの唯一無二さを追求する姿勢が表れていて、私自身もその影響を大きく受けています。

また、もう一つ大切にしているのは普遍的な人間ドラマです。どんな人にも「大事な人」がいます。それは家族かもしれませんし、友情や愛情の対象かもしれません。そうした太い人間関係を物語の軸に据えることで、普遍性を持たせつつ、視聴者の心に響くストーリーを作りたいと思っています。

さらに、形式的なドラマに終わらせるのではなく、「地に足がついた」泥臭い人間ドラマを目指しています。それは、たとえ総理大臣や天才外科医のような特別な職業を持つ人物でも、彼らの根底にある人間らしさを描き出すということです。その点を大事にして、ストーリー作りに取り組んでいます。

黄：日本と韓国のコラボの可能性についてお話しいただきましたが、最後に読者に伝えたいことがあればお願いします。

羽原：韓国のエンターテインメントは、良きライバルでありながら、今や日本にとって最高の目標ともいえる存在です。彼らの作品からはいつも良い意味で刺激を受けています。この刺激を糧にして、私たちもさらに頑張っていきたいと思います。お互いの強みを活かしながら、コラボレーションを通じて新しい価値を生み出せるような未来に期待しています。

――『GO』、『世界の中心で、愛をさけぶ』、韓国ドラマ『完璧な家族』監督　行定勲氏

２０２４年９月初旬、本書の執筆のために韓国を訪れた際、話題を集めていたドラマがあった。それはミステリースリラー『完璧な家族』である。この作品は、ウェブトゥーンを原作とし、『ＳＫＹキャッスル～上流階級の妻たち～』の出演者が完璧な夫婦を演じることで注目を浴びていた。また、若手俳優たちの演技にも期待が寄せられていた。

しかし、特に注目を集めたのは物語や俳優ではなく、このドラマを手掛けた監督であった。『世界の中心で、愛をさけぶ』や『ＧＯ』などで知られる行定勲監督が、初めて韓国ドラマを演出したのである。その上、この作品はＯＴＴプラットフォームのオリジナルドラマではなく、韓国の地上波テレビ局である公共放送ＫＢＳで放映された。これは、日本で例えるなら、ＮＨＫのゴールデンタイムに海外監督が制作した日本ドラマが放映されるようなものである。行定氏がなぜ韓国ドラマ制作を決意したのか、また日本とは異なるドラマ制作の環境にどのように適応したのかについても関心が集まった。

映画よりも長い12話の韓国ドラマを手掛けた行定監督に、初めて韓国とのドラマ合作に

挑戦した経緯や、日本とは異なる韓国の制作現場の裏話、さらには日韓の協業の可能性についで伺った。行定氏は、韓国の地上波テレビでの放映についてどのように感じたのか、またミステリースリラーというジャンルへの挑戦、さらには韓国ドラマの特徴であるＯＳＴの挿入についても語ってくださった。

【代表作品】

２００１年　『ＧＯ』
２００４年　『世界の中心で、愛をさけぶ』
２００５年　『北の零年』、『春の雪』
２０１０年　『パレード』、『今度は愛妻家』
２０１８年　『リバーズ・エッジ』
２０２０年　『劇場』、『窮鼠はチーズの夢を見る』
２０２３年　『リボルバー・リリー』
２０２４年　韓国ドラマ『完璧な家族』

黄：行定監督が韓国ドラマ『完璧な家族』の演出をされたことは、韓国でも日本でも話題になっています。作品に関わった経緯について教えてください。

行定：もともと、20年ほど前から、韓国の映画プロデューサーからいくつかのプロジェクトについて話がありました。短編のオムニバスを一緒に作らないかという提案もありましたが、これは結果的に制作されませんでした。しかし、シナリオ作りなどを通じて交流が続いていました。

その流れで、２０１０年に日本・タイ・韓国のオムニバス合作映画『カメリア』が完成し、その中で私は『Kamome』というタイトルで、釜山を背景としたファンタジーメロを手掛けました。この経験から、韓国と何か近しいものを感じつつも、制作方法や文化の違いを感じ、新しいものを作り出せる可能性を感じていました。

今回、『完璧な家族』という企画が進行中で、監督がまだ決まっていないとの話を制作会社からいただきました。そして、「ぜひ監督を務めてみないか」という具体的な話をいただき、参加することになりました。

黄：この作品はウェブトゥーンを原作としたドラマ化ですが、最初は映画化のオファーがあったと聞いています。なぜシリーズ化することを決めたのですか？

行定：最初にいただいたのは、別の作品の映画化のオファーでした。しかし、映画の企画が具体的に進行する前に、ドラマ『完璧な家族』の話が持ち上がりました。この際、あらすじや概要、連続ドラマであること、そして第4話までの台本をいただきました。その時に、もし私自身が手を加えることが許されるなら、取り組めるのではないかと考え、着手を決めました。その後、原作のウェブトゥーンを読む機会を得ました。映画のオファーが先にあったものの、今回のドラマの企画が先行して進んでおり、結果的にこの連続ドラマを演出することになりました。

黄：『完璧な家族』は韓国の地上波テレビ、公共放送のKBSで放映されました。これは日本でいえばNHKのゴールデンタイムのドラマ枠に海外監督の日本ドラマが放映されるのと同じです。地上波テレビ放映についての負担はありましたか？

行定：最初はOTT（ディズニープラスやネットフリックスなど）向けの企画として進んでいました。私もそのつもりで制作に参加していたのですが、途中でプロデューサーが地上波の連続ドラマとして放送する方向に切り替えたんです。その結果、台本も変更する必要がありました。

日本ではこういった制作方針の変更はほとんどないので、最初は戸惑いましたね。韓国の制作現場では、ディレクターズカットを作成した後、放送局が意見を出してプロデューサーカットに変更するという流れが一般的なようです。このプロセスで、映画監督として作品を作る時とは異なる点に苦労しました。

映画では監督のビジョンがそのまま反映されますが、韓国のドラマ制作ではプロデューサーの意見が大きく影響するため、調整が必要でした。特に編集やポストプロダクションでは、納得できる部分もあれば、そうでない部分もありました。音楽に関しても、プロデューサーが音楽業界の出身ということもあり、譲れない部分がありました。

最終的にはプロデューサーの決定に従いましたが、制作過程での意見交換は激しかったですね。それでも、納得できるポイントを見つけるために努力しました。

黄：『世界の中心で、愛をさけぶ』、『GO』を含め、釜山国際映画祭で招待された『リボルバー・リリー』など、監督の作品は韓国でも非常に愛されています。しかし、『完璧な家族』はこれまでの監督の作品とは異なるジャンルで驚きました。ミステリースリラーというジャンルに加え、韓国ドラマという両方の挑戦があったと思いますが、いかがでしたでしょうか。

行定：おっしゃる通り、私はラブストーリーの監督として知られています。韓国からお仕事をいただくとしたら、ラブストーリーの話が来ると思っていたので、ミステリースリラーのオファーには驚きました。でも、それだけに挑戦しがいがあると感じましたね。

韓国ではミステリースリラーが非常に得意とされ、素晴らしい作品がたくさんあります。そのため、韓国のお家芸ともいえるこのジャンルに挑戦するのは、かなりハードルが高いと感じました。しかし一方で、韓国の企画力や俳優、スタッフたちと一緒に仕事をすることで、自分の演出がどのように融合するのかを知りたかったんです。

このジャンルの作品に取り組むことで、新たな挑戦ができると感じましたし、結果的に挑戦しがいのあるプロジェクトでした。

黄：監督の作品すべてを見たわけではありませんが、どの作品でも「映像美」が優れており、「人」を繊細に描くことが印象的です。『完璧な家族』でもその点を意識しましたか？

行定：そうですね、やはり心情の流れを重視しました。ミステリースリラー作品では、主人公が追い詰められていく状況が多いですが、ただ都合でそうしたというだけでは、視聴者に共感されにくいですよね。主人公がどんな気持ちでその状況に立ち向かっているのか、何を守ろうとしているのか、その感情の流れを描くことが重要だと思いました。

『完璧な家族』の原作では、父親がサイコパスとして描かれていますが、それだけだと勧善懲悪の物語になってしまいます。悪い人間と良い人間の対立ではなく、2人の父親がいて、彼らと青春期を過ごす少女が出生の秘密を知ることで、どのように心が揺れ動くのか、そこに焦点を当ててました。父親であるがゆえに、悪人であっても完全に否定できない部分、血のつながりがもたらす複雑な感情が、物語に深みを与えると考えました。その結果、ただの恐怖を描くミステリースリラーではなく、家族のヒューマンドラマとして着地させることを目指しました。

黄：韓国ドラマを制作する際に、日本とは異なる点が多かったと思います。物語や映像演出に関してお聞きしたいです。

行定：そうですね、約1年が経過した今、冷静に振り返ることができますが、制作過程では思い通りにならないことが多かったですね。現場での指示が明確でなく、ただ「こうしたい」と言われるだけで、解決策が見えない場面が多々ありました。そのため、精神的にかなりストレスが溜まり、途中で日本に帰ってしまうのではないかと自分でも思っていました。

しかし、ラッキーだったのは、クランクイン前にカメラマンを自分で選ぶ機会があったことです。何人か面接した中で、今回撮影監督を務めたユ・イルスンさんに決めました。結果的には70日の撮影で『完璧な家族』は撮り終えることができました。彼は私が尊敬する監督たちの現場を経験し、ラブストーリーやスリラーで素晴らしい成果を上げているカメラマンで、人柄も非常に良かったんです。彼に現場のセットアップを任せられるなら、私は演出に専念しようと決めました。

そして、撮影チームは非常に優秀で、カメラワークや照明もパーフェクトに近い形で進めてくれました。特に、マスターショットを撮る際には、ユさんがどう撮りたいかが重要で、それをもとに私が演出をしていく形でした。結果として、これまでの私の作品とは異なる構図や光の使い方が生まれ、ユさんのオリジナリティが反映された作品になったと思います。

黄：撮影現場でも日本との違いがあると思いますが、苦労した点や刺激的なところを教えてください。

行定：助監督からは、最初は120回いわゆる120日の撮影予定だと言われましたが、制作会社からもっと短くするよう要請がありました。当初は100日を目標にしていましたが、また制作会社からは70日で撮るように言われ、前例のない厳しいスケジュールでした。結果的には70日の撮影で完成させることができました。

スケジュールの調整が一番大変で、プロデューサーと連携していたのはチーフ助監督でした。彼が70日のスケジュールを組み、それを崩さずに撮影を進めました。現場では、俳優たちが声を上げない限り、その場で演技を行い、撮影を進めるというプレーが続きました。この経験は、私にとって非常に役立つものだったと感じています。

通常は場所や光、コンディションへのこだわりは当たり前ですが、今回はどんな状況でも撮るという姿勢で臨みました。例えば、雨や雪が降っても、その状況に合わせて撮影を進めました。この経験を通じて、作品を進めるために必要な柔軟性を学びました。

撮影監督のユさんは、状況に応じたカメラワークやセットアップを行い、全体の状況が難しい場合でも工夫して撮影を進めました。彼の提案に合わせて演出プランを変更することもあり、完全なコラボレーションができたと思います。こうした経験は、今回の撮影を非常に挑戦的でありながらも充実したものにしてくれました。

黄：2014年には、日本と中国の合作映画『真夜中の五分前』を手掛けられました。映画とドラマの違いはありますが、『真夜中の五分前』と『完璧な家族』の演出におけるそれぞれの特徴について教えていただけますか？

行定：『真夜中の五分前』と『完璧な家族』の演出には、異なる文化や制作環境が大きく影響しています。韓国のドラマや映画を観ると、徹底的に作り込まれている印象を受けますが、日本ではもう少し現実的かつ柔軟に進める部分があります。そのため、撮影現場でのアプローチに違いを感じました。

また、中国での撮影はロケーションの難しさを実感しました。天候や環境の制約が大きく、撮影場所に到着しても天候の影響で撮影ができないことがありました。日本では事前にすべてを調整することが比較的可能ですが、中国ではそうした柔軟さが少ないため、演出スタイルも状況に応じて変化させる必要がありました。

黄：韓国ドラマの特徴の一つにＯＳＴがあります。日本の挿入曲とは異なり、本編の途中で歌詞が流れ、セリフの代わりになることもあります。『完璧な家族』のＯＳＴも注目されていますが、韓国ドラマのＯＳＴについてお聞かせください。

行定：韓国ドラマのＯＳＴには、日本とは大きく異なる側面があると感じました。日本でも主題歌が繰り返し使用されることはありますが、韓国では複数のアーティストの楽曲がドラマ内で強調されることが多く、その点に多少の違和感を覚えました。

プロデューサーが多くの楽曲を契約して使用することで、ドラマの価値を高めようとする意図が感じられます。特に、人気アーティストの曲が流れることで、ドラマ自体の注目度が上がり、視聴者の関心を引く効果が期待されています。

また、韓国ドラマでは音楽が物語の中で頻繁に使われ、その歌詞が登場人物の心情を代弁することもあります。しかし、視聴者が歌詞を理解できない場合、単に音楽として感じられることになります。これは特に外国人視聴者にとって顕著であり、音楽の使用が物語の進行にどう影響するのか、文化的な違いとして意識されることが多いと感じました。

ＯＳＴの選曲に関して一部納得できない部分もありましたが、最終的には制作側との調整を経て妥協を強いられることが多かったです。しかし、韓国ドラマにおける音楽の使い方やその文化的背景を理解するにつれて、このスタイルが自然なものとして受け入れられていったと感じています。

黄：日本らしさと韓国らしさが絶妙に融合された作品だという視聴者のコメントが多かったですが、演出面で意識した点はありますか？

行定：特に意識した点はありませんでした。一番意識したのは、韓国人の視聴者に「これ変だよね」と思われるのが嫌だったことです。もしこれがＯＴＴ作品であれば、多少変でもいいと思ったかもしれませんが、途中から地上波テレビ局で放送されると聞いた時、「外国人が来て、韓国人が絶対に言わないようなことを言わせる」というような演出にはしたくないと思いました。例えば、「このキャラクターは絶対にこんなことを言わないよね」という部分で、私が無理に言わせるようなことは避けたかったのです。

そのため、俳優たちに大いに信頼を寄せ、リライトを一緒に進めていきました。俳優たちには、「このシーンに違和感はありますか？」と尋ねることから始めました。例えば、「韓国ドラマではこの場面はもっと強く言うよね。でも実際どうですか？」と質問すると、俳優たちは「強くてもいいし、そうじゃなくてもできます」といった感じで、自由に表現してくれました。

全体的に、俳優たちは自分の役をしっかりと守ってくれました。キャラクターを大切にしてくれたおかげで、安心して撮影を進めることができました。ある出演者は、「監督は日本人だから、韓国人だからというのは関係なく、私たちにやりたいことをぶつけてほしい。最終的には監督がどうしたいかをはっきり言ってくれれば、私は自分のキャラクターを守って演技をします」と言ってくれました。その言葉のおかげで、安心して信頼を持って撮影に臨むことができました。出演者たちは非常に素晴らしい俳優で、楽しみつつも緊張感を持って演技してくれたと思います。

黄：今回の作品を制作する中で、多くの発見があったと思います。監督が感じた韓国ドラマの特徴について教えてください。

行定：振り返ると、韓国の制作システムに関して、私はその入り口に立ったような感覚でした。もしもう一度挑戦できるなら、よりうまくやれる自信があります。なぜなら、スタッフが非常に優秀で、制作システムを理解できれば、もっとコントロールが可能で、お互いの意図を俯瞰的に把握できたと感じるからです。

ただ、初めは制作システムが分からず、疑問を投げかけながら進めていました。その間に撮影が始まっていたという状況でした。スタッフも俳優も本当に優れた人たちが多い印象を受けました。しかし、だからこそ、もっとオリジナリティのある作品を作りたかったという後悔が今でもあります。

音楽と編集については、最終的な仕上がりにはある程度満足していますが、最終カットでは自分の世界観をもっと強く反映させたかったと思っています。韓国の視聴者やドラマファンには、もっと驚きを与えるものが提供できたかもしれないと感じています。オフラインン段階で編集監督がさまざまな人に見せた際に、「今までにない新しいドラマの空気感がある」と言われ、その意見を大切にし、「これを守れ」と言われました。しかし、最終編集ではその雰囲気がかなり失われ、もともとの韓国ドラマのスタイルに戻されてしまったと感じています。そこは少し残念でした。

また、韓国では一度成功したスタイルを真似る傾向があることにも驚きました。例えば、刑事役や医者役を演じた俳優が、オーディションなしでキャスティングされることがあります。過去にその役を演じた実績から、成功すると判断されるためです。そのため、新しいキャラクターを演じようとしても、「この人は刑事役が似合う」「医者役が得意だ」と固定観念を持たれることがあります。この点が面白いと感じました。

キャスティングについても、オーディションを通じてプロデューサーがどの役者を使いたいかを知ることで、逆に自分の意図を強く伝えることができました。今回、主役級のキャスティングに関しては、これまでのイメージを覆すような決定をしました。定番のキャラクターを真逆の役作りにしたり、そうした判断ができたことは良かったと感じています。

黄：監督として、すべてに満足しているわけではなく、未練が残る部分もあると思います。それについて教えてください。

行定：正直に言うと、すごくやりたいことがたくさんありました。今回の作品についても、気になる部分は残っています。実際、このような大きなプロジェクトを進める中で、助監督から「これが韓国ドラマのすべてではないから、そんなふうに思わないでほしい」と言われたことがありました。多分、私の思いを汲んで、気遣ってくれたのだと思います。

その時は本当に大変で、制作中にかなりのストレスが溜まりました。特に、監督としての意図とプロデューサーとの間で軋轢が生まれ、どうしても思い通りに進まないことがありました。しかし、その時に言われたのは、「作品を完成させなければ、人々の目に触れることはない」ということでした。制作の過程では、非常にネガティブに考えがちで、最後までその感情を引きずることもありました。

今、1年ほど経って振り返ると、その時の苦労も含めて良い経験だったと思えるようになりました。もちろん、作品については視聴者の評価があると思いますが、私自身は「やってよかった」と感じています。撮影中は「もう二度とやらない」と思っていましたが、今は「やってよかった」と思えるようになり、これが次につながる経験になったと感じています。

黄：韓国とのコラボレーションについての感想を教えてください。また、次回もこのような協業や共同制作をしてみたいと思いますか？

行定：実は、以前からラブストーリーをやりたいという思いがありました。日本で進めていたラブストーリーの企画があるのですが、今回韓国のドラマを経験してみて、その一部を韓国で撮りたいという気持ちが湧いてきました。その物語は、東京ともう一つの場所が舞台になるのですが、その場所を大阪ではなく韓国にし、韓国の女性と東京の男性のラブストーリーにしたいと考えています。

現在、そのシナリオを少し改編しており、韓国の女優さんと日本の男優さんが出演する二人の物語として形にしたいと思っています。今回の経験やスタッフとのつながりを活かして、この企画を映画として実現させたいと考えています。ぜひ、次回もこのようなコラボレーションを実現させたいですね。

黄：韓国や日本を含め、アジアのコンテンツが非常に注目されている時代だと思います。アニメーション、K－POP、映画、ドラマなど、日韓の協業についてのご意見をお聞かせください。

行定：そうですね、私は以前、『GO』という少年を描いた映画を制作した経験があります。その際、釜山国際映画祭で非常に歓迎されました。特に、ポン・ジュノ監督やホ・ジノ監督、キム・ジウン監督といった近い世代の監督たちが、温かく迎えてくれたのを覚えています。私は日本の監督として、彼らと同じ世代を生きている感覚がありました。彼らが世界に向けて作品を発表し続けている姿を見て、とても勇気をもらい、それが映画を作り続ける原動力の一つにもなっています。

これからは次の世代が、私たちのやってきたことを新しい形に変えていくのを見守りつつ、私自身もその過程に参加したいと考えています。映画制作において、韓国との協業は非常に有意義だと感じています。日本と韓国は似ている部分もありますが、微妙に異なるところもあり、その違いが面白いですね。お互いにぶつかり合いながら表現することで、新しいものが生まれると思います。

こうしたことを踏まえ、今後の映画作りにおいて、韓国との協業がさらに進むことを願っています。私はドラマ制作には直接関わっていませんが、映画の分野では日韓の協力を深めていきたいと考えています。

黄：最後に、読者や視聴者へのメッセージをお願いします。

行定：日韓の協業には無限の可能性があると感じています。しかし、あまりにも大きな期待を抱きすぎると、その分だけ傷ついてしまうこともあるんです。私も韓国ドラマに対して大きな期待を持って臨みましたが、実際の現場では、日本と同じように困難が待ち受けていました。期待通りのものを作るのは簡単ではなく、結局のところ、理想だけを見ていてはいけないのだと感じました。でも、その期待がどのように作品に映るのかが重要だとも気づきました。韓国でも日本でも、制作する環境は異なりますが、それぞれに共通する課題があります。

現在も新しいプロジェクトに取り組んでいますが、毎日悩みながら進めています。日本では言葉が通じる分、ストレスが少し軽減されますが、韓国での制作では「やり切った」という充実感を強く感じることもありました。だからこそ、実際にやってみないと分からないことがたくさんあると実感しています。考え方も大きく変わりました。

すべてが完璧にいくわけではありませんが、その中でもベストを尽くすことが大切だと思っています。以前はネガティブに考えることも多かったですが、ポジティブに捉えることで、その姿勢が映画に反映されるのだと感じました。韓国との合作に参加できたことは、私にとって非常に貴重な経験でした。

『完璧な家族』に興味を持ってくださる方には、ぜひ見ていただきたいです。どのように仕上がったか気になると思いますが、私自身は全力を尽くしたという実感があります。期待通りではなかったかもしれませんが、やれることはすべてやったと確信しています。

黄：もしまたミステリーやスリラーのジャンルで韓国と一緒に作品を作る機会があったら、

いかがですか？

行定：もちろん、全然構いませんよ。実は、日本ではなかなかそういったジャンルで依頼を受けることがないので、もしそのような機会があれば、ぜひやりたいですね（笑）。

──『六本木クラス』、『ナックルガール』総括プロデューサー　キム・ヒョヌ氏

日本、中国、インド、アメリカなど、多国間の国際共同制作を手掛ける「Kross Pictures」のキム・ヒョヌ代表にお話を伺った。お会いした際、彼は新作ドラマの編成が決まり、キャスティングや制作体制の整備に追われている韓国滞在期間中だった。また、東野圭吾の小説『容疑者Xの献身』をアメリカでドラマ化するプロジェクトも進行中で、間もなくアメリカへの出張を控えている時期でもあった。13年前に東野氏と直接話し合い、映像化権を獲得してプロデュースできたことを「幸運だった」と振り返る。

さらに、韓国のデジタル漫画であるウェブトゥーンを原作に日本で制作されたドラマ『六本木クラス』や、日本映画『ナックルガール』の総括制作プロデューサーを務めた実績を持つなど、多岐にわたるプロジェクトでその手腕を発揮してきた。

これらの豊富な経験を踏まえ、キム氏に国際共同制作や日韓の協業における可能性について伺った。その言葉には、彼の情熱と国際的な視点が感じられた。

【代表作品】
2017年 中国『The Devotion of Suspect X』
2018年 ベトナム『100 Days of Sunshine』
2019年 インド『Oh! Baby』
2022年 韓国『社内お見合い』
2022年 韓国『アゲイン・マイ・ライフ～巨悪に挑む検事～』
2022年 日本『六本木クラス』
2022年 インド『Saakini Daakini』
2023年 インド『JAANE JAAN』
2023年 日本『ナックルガール』

黄：日本ドラマ『六本木クラス』の制作にプロデューサーとして関わられたそうですが、リメイクに至った経緯や、具体的にどのような業務を担当されたのか教えていただけますか？

キム：経緯としては、当時、カカオエンターテインメント（当時の親会社）に日本の主要テレビ局3社から連絡がありました。ウェブトゥーン『梨泰院クラス』をドラマ化したいとの提案があり、どの局と協力するかを決める必要があったんです。

そこで、私がカカオ側でプロジェクトの責任を任されることになりました。重要だったのは、最適なパートナーを見極めることです。3社それぞれと会い、台本や監督の候補、予算規模について議論しました。その結果、テレビ朝日が最も信頼できるパートナーだと判断しました。特に脚本や演出の提案が他社より優れていたことが決め手でした。

実際の業務では、日本市場向けに最適化する作業が重要な役割を果たしました。具体的には、台本の内容を日本の視聴者に響くように調整し、プロジェクト全体を統括しました。また、韓国側の代表として窓口を務め、現場との橋渡し役を担いながら、スムーズな進行に努めました。

黄：韓国でもドラマを制作したので、テレビ局JTBCの映像権利も購入したのですか？

キム：漫画原作だから、ウェブトゥーン原作の権利が基本となります。これはアメリカや日本でもほぼ同じです。例えば、日本では、ある漫画原作をドラマとして制作した場合、その作品を日本国内でしか制作できない権利を購入したことになります。ただし、その権利の所有者は原作者です。

また、映像作品が存在する場合、ウェブトゥーンのシーンとドラマのシーンの境界が曖昧になることがあります。さらに、リメイクを行う側が、映像演出に関する権利も求めるケースがあります。『六本木クラス』では、テレビ朝日のリクエストもあり、ウェブトゥーンの原作権利と韓国のドラマ映像のリメイクの権利、両方を購入して制作を進めました。

黄：『六本木クラス』では、主題歌もカバーされたのが印象的でした。リメイク作品としては初めての試みでしたが、これはキムさんの提案だったのですか？

キム：このプロセスは、私一人の提案というわけではありません。会議の中でアイデアを出し合い、どうするかを検討しました。ただ、主題歌をカバーするというのは、これまで一度も試みられたことがありませんでした。

Ｋ－ＰＯＰの人気があるとはいえ、私たちの仕事は「科学」ではなく「アート」の領域に属しています。正解があるわけではなく、あくまで創造的な試行錯誤です。そうした中でこちらからアイデアを出すと、周囲からも「それはいい案だ」と賛同を得ることができました。

ちなみに、韓国でも主題歌（OST）の原曲に関する権利は、作詞作曲者が所有しています。今回もその権利を扱う際に、少し複雑な手続きが必要でしたが、最終的にはうまく進めることができました。結果的に、今回の楽曲も成功だったと思います。

黄：国際共同制作では多くの違いがあると思います。特にリメイク作品は、韓国で人気が高ければ高いほどプレッシャーが大きいのではないでしょうか。『六本木クラス』はいかがでしたか？

キム：リメイクが必ず成功するとは限りません。日本国内でも、これまでさまざまな試みがありました。リメイクがうまくいくかどうかは、どんなストーリーを選ぶのか、そして誰が制作に携わるのか、この2つが非常に重要です。そのため、私たちは制作に入る前に慎重に検討します。

特に今回は、韓国の『梨泰院クラス』が非常に人気で、多くの人に愛された作品だったため、比較されるプレッシャーが大きかったです。実際、『六本木クラス』のリメイクにあたり、テレビ朝日と「これは可能なのか？」と相談しました。この時、「『梨泰院クラス』がすでに日本のネットフリックスで多くの人に視聴されている中で、リメイクの意味があるのか？」という議論がありました。

しかし、私はこう考えました。日本のネットフリックス加入者数は約1000万人ですが、これは日本の総人口1億2000万人のうちのわずか10％弱に過ぎません。つまり、多くの人がまだ『梨泰院クラス』を見ていない。また、すでに見た人も、リメイク版に興味を持つ可能性があると判断しました。

最終的に、このプロジェクトは十分に成功するだろうと確信し、制作を進めました。結果として、うまくいったと思います。

黄：日本でMBA大学院も出て、日本文化や社会に詳しい「日本通」といえる方だと思いますが、『六本木クラス』の共同制作を通じて、文化的な違いやビジネス面での認識の違いを感じることはありましたか？

キム：私自身、日本とはこれまで多く関わってきましたが、実際に日本のドラマ制作に深く関わるのは今回が初めてでした。確かに文化的な違いは感じました。特に、リメイク作品に対する「原作に忠実でなければならない」という強いこだわりが、日本では根強いように思いました。このような固定観念は時に受動的すぎる印象を受け、私はもっと積極的に日本の文化や視聴者に合わせたローカライズを進めるべきだと提案しました。

もちろん、原作を尊重することは大切ですが、ただ原作に縛られるのではなく、新しい視点やアプローチを取り入れることで、作品に新たな魅力を加えることができると考えています。ですが、こうした点で意見の違いが生じる場面もありました。

また、ビジネス面では予算の問題が大きな課題でした。例えば、韓国の原作ドラマでは、大規模なエキストラを起用したり、豪華なセットを用意したりすることが一般的です。しかし、日本では予算が限られており、原作の規模感を完全に再現するのは難しい場面も多くありました。

さらに、『六本木クラス』はネットフリックスジャパンでも公開されましたが、全世界公開には至りませんでした。ネットフリックスジャパンが一部の地域（東南アジアの約10

か国）での配信にとどめたため、グローバルな視点での展開には課題が残りました。この点は、韓国ドラマとは異なるビジネスモデルの違いを強く感じた部分です。

黄：今回のプロジェクトを通じて、個人的にどのような成果を得られたと感じますか？

キム：個人的には、これまでずっと憧れてきた日本のコンテンツ制作に直接関わることができたという点が、非常に大きな意味を持っています。実際に制作に参加して、楽しさを感じながら作業を進めることができましたし、さらに良い結果が得られたことは本当に素晴らしい体験でした。

『六本木クラス』の視聴率が良かったことで、テレビ朝日では韓国コンテンツをさらに積極的に取り入れたり、リメイクを進めたりする動きが強化されたと聞いています。このプロジェクトが、そのような新たな方向性のきっかけとなったことも、とても意味があると思います。

また、テレビ朝日の担当者とも引き続き連絡を取り合い、新しい企画や良い作品を一緒に作ろうという話を進めています。そうした関係性が築けたことも、大きな成果の一つです。全体を通じて、とても意義深く、多くの成果を得られたプロジェクトだったと感じています。

黄：『ナックルガール』についてお聞きします。韓国のウェブトゥーン原作をもとにした日本映画で、アメリカのアマゾンスタジオが制作に加わり、アマゾンプライムを通じて全世界配信となった作品です。まず、ウェブトゥーン『ナックルガール』を映像化しようと決めたきっかけは何だったのでしょうか？

キム：私たちのような制作会社やプロデューサーにとって、常に「面白い作品」を求めることは基本です。なぜその作品を選んだのかと問われると、多くの場合の答えは「これは成功すると思ったから」です。『ナックルガール』も同様で、この原作を日本で映画化すればとても良い作品になるのではないかと感じました。そして、「面白いだけでなく、興行的にも成功する可能性がある」と思ったことが、このプロジェクトのスタートにつながりました。

実は、このプロジェクトのきっかけとなったのは、アマゾンジャパンからの提案でした。

約2年前のことですが、アマゾンジャパンが「女性主人公のアクションジャンルのストーリー」を探しており、そのリクエストが『ナックルガール』と一致したことが映像化の大きな推進力となりました。

黄：日本の現地スタッフや俳優陣で制作された一方、監督は韓国の方が務められています。あえて韓国監督を起用された理由は何でしょうか？

キム：まず、このプロジェクトが始まった際に、ストーリーが決まった後、次に重要なのはシナリオの完成度を高めることでした。そして、そのシナリオをもとにした演出がプロジェクトの成否を左右するため、アクション演出が得意な監督を起用したいと考えました。

もちろん、日本の監督に適任者がいればお願いした可能性もありますが、私たちが求めるスキルセットを持つ監督が見つからなかったため、韓国から監督を起用しました。この選択は挑戦的でしたが、韓国の監督がこれまでの経験を活かし、アクション演出をしっかりと仕上げてくれると確信していました。

ただ、現場のスタッフはすべて日本のチームで構成されており、文化や制作の進め方に違いがある中での作業は決して簡単ではありませんでした。それでも、このプロジェクトには、国境を越えて挑戦する強い精神や、日本市場で新しい試みをしたいという個人的な意欲がありました。それがなければ実現しなかったと思います。

黄：『六本木クラス』とはまた異なる課題がたくさんあったのではないでしょうか。監督と原作が韓国側、一方でスタッフは日本人という環境の中でプロデュースするのは、かなり大変だったのでは？

キム：そうですね、一番苦労したのは撮影現場でした。スタッフのほとんどが日本人で、俳優も日本の方々でしたので、文化の違いを感じる場面が多々ありました。それを最初から意識して、少しでもギャップを埋めようと努力したことが、一番の挑戦だったと思います。

日本のスタッフは、自分の担当する仕事に対して非常にプロフェッショナルで、完璧を目指す姿勢が強いのが印象的でした。一方で、対応力や瞬発力が求められる突発的な問題への対応には、少し弱いと感じる部分もありました。撮影現場では天候の変化や予測不能な外的要因、例えば突然のマラソンイベントなど、さまざまな問題が起こります。その都度素早く対処する必要があるのですが、そうした部分は改善の余地があるかもしれません。

また、日本のアニメ制作は非常に優れており、クオリティが高いのは言うまでもありません。ただ、アニメは一つの空間の中で描けば良い分、実写とは異なる部分も多いです。実写では撮影現場や状況が常に変化し、その都度の柔軟な対応が必要なので、その違いが苦労につながることもありました。

黄：映画『ナックルガール』は韓国、日本、アメリカの3か国による共同制作ですが、これは非常に難しい挑戦だったと思います。制作統括を務める中で、新たに発見した国際共同制作における手法やスキルがあれば教えていただけますか？

キム：そうですね、まず投資家やアマゾンのような大きな企業から期待を寄せられるのは、とても重要なことです。そして、アメリカを含めた国際的なプロジェクトの中で調整を行うのが、私の役割でもあり、プロデューサーの役割でもあります。そうした点では、私たちは比較的うまくハンドリングできたと思います。

しかし、大きな課題がありました。それは、現地の法規制や文化の違いに対応することです。例えば、日本では法規制が非常に厳しく、表現の自由が制約される場面が多いです。重要なシーンで、より感情を込めた描写が必要な場合でも、現行の法規制に縛られてしまうことがありました。例えば、クローズアップで男女の感情を丁寧に表現しなければならないシーンがありましたが、ヘルメットの着用が義務付けられているため、思うような撮影ができませんでした。実際の現場感が損なわれてしまうのです。監督もその点に失望していました。「これは私が描きたかった絵ではない」と言われたこともあります。

また、トラックの上にカメラを設置して撮影したシーンでは、スピードが出せず、風を感じる表現が不自然になりました。その結果、感情的な臨場感が薄れてしまい、監督も苦労されていました。こうした課題を解決しながら進めていくのが、私たちプロデューサーの仕事だと感じました。

黄：『容疑者Xの献身』は日本の小説を原作に、中国やインドでも映画化されています。日本で最高のミステリー小説と評されるこの作品が、これらの国々で映画化されるに至った理由やきっかけを教えていただけますか？

キム：インド版は、私にとって6作目の映画でした。この作品が最も大きな成功を収め、インドのネットフリックスで3週連続1位を記録しました。インドでの反響を見て、非常に達成感を感じましたし、本当に幸運だったと思っています。特にインドのトップ俳優が出演したことで、映画の規模がさらに大きくなりました。

インド映画の制作は予算も十分にあり、監督が思い描いた通りにすべてを撮影することができました。例えば、前述の『ナックルガール』では撮影にいくつかの制約がありましたが、インド版ではそのようなハプニングもなく、順調に進みました。その成功を受けて、現在は続編の制作に取り掛かっています。

続編についてですが、東野圭吾の「ガリレオシリーズ」の他の作品、『聖女の救済』や『真夏の方程式』も含めた展開を検討しています。シリーズの核となるのは、原作では湯川学という大学教授のキャラクターですが、インド版では設定を変更しています。インドでは、警察の捜査に民間人が関与するのは法律上認められていないため、教授のキャラクターがそのままでは受け入れられないからです。

そのため、設定を調整して、探偵という形で物語を進めました。こうした変更を余儀なくされましたが、最終的にはインドの観客に合わせた形で作品を作り上げることができたと思っています。

黄：これまで海外との協業を地道に進めてこられた背景について教えてください。また、韓国ドラマや映画の制作だけでなく、海外との共同制作や協業を積極的に行う理由、そしてそのメリットは何でしょうか？

キム：そうですね、私は常に「得意なことを活かす」という考えを大切にしています。これは人にも企業にも当てはまることだと思います。私自身、幼い頃からさまざまな国で暮らした経験があり、その中で感じた文化の違いや多様性を学び、それが自分の強みだと感じています。

この会社を設立してから21年になりますが、私は一貫してそのような強みを活かしながら同じ道を歩んできました。幸いなことに、そのビジョンに共感してくれるスタッフやプロデューサーたちとともに、会社を成長させることができました。こうしたグローバルな視点は、私にとっては自然な流れのように感じています。

映画やドラマ制作は、どの国でも基本的にはローカルなものが99％を占めます。しかし、私はその残りの１％に目を向けて、異なる観点やアプローチでプロジェクトを作り上げてきました。その結果として生まれたのが、例えば『ナックルガール』やインド版『容疑者Ｘの献身』のような作品です。

海外協業を進める理由としては、単にビジネスの範囲を広げるだけでなく、異なる文化や視点を取り入れることで、新しい物語や価値を創出できる点に魅力を感じているからです。それが私にとっての挑戦であり、映像制作を続ける上での大きなモチベーションとなっています。

黄：ドラマや映像制作だけでなく、ウェブトゥーンやウェブ小説、書籍など、幅広い事業を展開されていますが、主力事業について教えてください。

キム：現在、私たちはストーリー制作そのものに力を入れる段階に来ています。これまで『容疑者Ｘの献身』や『六本木クラス』、『ナックルガール』のように、他の方が作ったストーリーを借りて制作してきました。それらは非常に重要で、成功も収めています。しかし、次のステップとして「最初から自分たちでストーリーを作ってみよう」と取り組み始めました。

その試みの一つとして、2025年ドラマ化予定のプロジェクトがあり、これが私たちの大きな成果の一つになると考えています。このプロジェクトは、社内公募を通じて生まれました。プロデューサーたちに募り、A4用紙10枚程度のアイデアを提出してもらい、優れたストーリーを選定しています。優勝者には賞金を授与し、そのストーリーを会社のIP(知的財産)として制作する仕組みです。

また、IPの活用方法として最もコストと時間がかからないのがウェブ小説です。ウェブ小説はアイデアがあれば比較的簡単に形にできます。そのため、どんなメディアにも展開できる普遍性を持つコンセプトを条件に公募を行いました。その中から優秀な作品を選び、ウェブ小説やウェブトゥーンとして公開していきます。

ウェブトゥーンやウェブ小説の制作においては、外部の作家とも積極的に契約を結び、執筆を依頼しています。これにより、ストーリーを制作し、そのIPを会社が所有する形を取っています。このような取り組みを通じて、映像だけでなく、書籍やウェブトゥーンといったさまざまな形でストーリーを展開し、マルチユースを目指しています。

黄：日本とのコラボレーションについてお伺いします。『六本木クラス』や『ナックルガール』、インド版『容疑者Xの献身』など、日本とのコラボレーションが盛んですが、日本市場への期待について教えてください。

キム：日本市場の最大の魅力はその規模にあります。日本は現在、世界で3位の市場規模を持つ非常に巨大な需要がある国です。そのため、収益性の高い市場であることは間違いありません。

しかし、現在の日本の映像制作環境にはいくつかの課題があります。一つは予算の少なさです。予算が限られているため、クオリティが低下しがちで、現時点では大きなメリットが見えにくい部分もあります。しかし、将来的には産業として発展する可能性が高いと見ています。予算が増えれば、優秀な人材が集まり、良質なコンテンツを生産する好循環が生まれるでしょう。

現状では、日本の制作環境は悪循環に陥っています。例えば、ネットフリックスやディズニープラスのような大手海外OTT（動画配信サービス）が日本市場に参入していますがが、投入された予算に見合うクオリティの作品が出ていない理由の一つは、優秀な人材の不足にあると考えています。

韓国やハリウッドでは、作家や監督、俳優たちが高い報酬を得られる環境が整っており、それが業界の魅力や夢を生み出しています。韓国では、優れた人材が業界に入りたくなる理由の一つがこの待遇の良さです。一方で、日本ではそのような「夢」が不足しているように感じます。良い作品を作るには、業界全体が「夢のある職業」として認識される必要があります。

この状況を変えるには時間がかかると思いますが、海外のＯＴＴが市場に参入し、日本の制作予算が上がることで、徐々に状況が改善する可能性があると考えています。予算が増えれば、優秀な人材が集まり、結果的に良質な作品が生まれるでしょう。ただし、それには一定の時間と変化が必要だと思います。

黄：最近、韓国のコンテンツが世界的に注目されています。特に日本では、韓国のドラマや映画といった実写映像がグローバル水準で優れていると評価されています。一方で、代表から見て、韓国が持っていない日本の強みや優越点は何でしょうか？

キム：日本が持つ最大の強みは、韓国に比べて非常に豊富な大規模ＩＰ（知的財産）を保有している点だと思います。韓国は主にドラマや映画の分野に特化していますが、日本はその範囲がはるかに広いです。小説、漫画、アニメといったさまざまなジャンルで強力なＩＰが数多く存在します。

これらの多様なクリエイティブ資産が、もしドラマや映画制作に活かされるようになれば、日本の映像作品はさらに魅力的で質の高いものになるでしょう。例えば、韓国が得意とする実写ドラマの領域に、日本の優れたクリエイターやＩＰが本格的に流入した場合、非常に大きな変化が起きると考えています。

ネットフリックスをはじめとする海外ＯＴＴの参入は、すでに日本市場での変革の始まりを予感させる出来事です。これを契機に、日本の豊富なクリエイターやＩＰが映像制作の現場に集まり、ドラマや映画のクオリティが今後さらに向上していくことを期待しています。

黄：日韓協業を進める上での核心やヒントがあるとすれば、それは何でしょうか？

キム：今最も重要なのは「物語」だと思います。韓国と日本を行き来するようなストーリーが生まれれば、日韓のコラボレーションはもっと活発になるでしょう。そして、それをきっかけに両国が一緒に作品を作る流れが自然と生まれるはずです。

ただ、そのような物語は作家の頭から出てくるものであり、私たちが直接すぐに解決策を提供することは難しいところでもあります。物語が日韓の文化や背景を交差させるものになれば、それ自体が新たな市場を生み出す可能性があります。例えば、ヨーロッパではフランス、ドイツ、イタリアといった国々が協力して映画やドラマを制作するケースがありますよね。同じように、将来的には韓国と日本、さらには中国を含む北東アジアの協力体制が生まれるかもしれません。もちろん、それが実現するには時間が必要だと思いますが、そういった可能性を慎重に見つめています。

しかし、良い物語を生み出すには単に作家の想像力だけでなく、両国間の交流がもっと増えることが重要だと考えます。現状では、私たち既成世代には日韓間に未解決の壁があると感じられますが、若い世代がより多く交流し、お互いの文化や人々を理解する機会が増えることで、自然と両国をつなぐようなストーリーが生まれてくるでしょう。

おわりに

本書を最後までお読みくださった皆様に心より感謝申し上げる。

本書では、世界的に注目を集める韓国ドラマがどのように成長し、進化を遂げてきたのかを探求してきた。韓国社会の変化に伴うメディアや視聴者の指向の変遷、制作者たちの葛藤と挑戦、そして制作モデルの変化についても触れた。多様な変化をコントロールするという困難な作業の中で、最前線に立ち続ける韓国ドラマの制作者たちの姿を描きたいという思いが、本書執筆の原動力となった。

本書の執筆にあたり、現在韓国ドラマの制作現場の最前線で活躍する多くの方々と出会い、人材育成に関わる組織や政策についてもリアルなビジョンを伺うことができた。本書では、ドラマを生み出す〝人〟にフォーカスを当て、「脚本家」「プロデューサー」「原作者」「監督」、そして彼らのクリエイティビティを最大限に発揮できる制作環境を整える「制作会社」について考察し、制作環境や現状を踏まえつつ、収益ビジネスモデルがどのように構築されているのか、その過程を徹底的に述べた。

俳優という存在

一方、韓国ドラマに絶対に欠かせない存在がある。それが「俳優」いわゆる「アクター(Actor)」だ。韓国ドラマの成功と進化の道のりにおいて、俳優たちの演技力は、単に登場人物を演じることにとどまらず、物語に命を吹き込む最も重要な要素の一つである。斬新で独特なストーリーや最新技術を活用した演出に加え、俳優たちの演技力が物語をさらに際立たせる。彼らの演技は、セリフ以上に登場人物のキャラクターを深く表現し、その役作りには毎回驚かされる。ある作品ではまるで別人のような役を演じ、同じ俳優とは気づかずに見てしまうことさえある。第8章までの本文では制作陣に焦点を当てて述べてきたが、最後に俳優についても触れておきたい。

先日インタビュー取材を受けていただいた行定勳監督は、韓国ドラマ『完璧な家族』を演出した際の出演者について、こう語ってくださった。

「ある俳優が『監督が日本人だから、韓国人だからというのは関係なく、私たちにやりたいことをぶつけてほしい。最終的に監督がどうしたいのかをはっきり伝えてくれれば、私は自分のキャラクターを守って演技します』と言ってくれました。その言葉のおかげで、安心し信頼して撮影に臨むことができました」

さらに、制作現場では、俳優が「監督、僕が思うに……（韓国語：カムドクニム、ジェセンガゲヌン……）」と話しながら、登場人物のキャラクター分析や役作りについて意見を交わし、監督の意図とすり合わせる場面があり、こうしたやり取りが作品の完成度を高めるとともに、俳優たちが楽しみつつも緊張感を持って演技することにつながったという。

また、『完璧な家族』の主人公チェ・ソニ役を演じたパク・ジュヒョンさんと、幼少期の親友イ・スヨン役を演じたチェ・イェビンさんは、同じ大学の演技科の先輩後輩の関係にあたり、現場では彼女たちが互いに演技指導をし合い、助言を求める姿が印象的だったと行定監督は語る。

韓国では、俳優を志望する人々を対象とした映像アクターズスクールや民間アカデミーが全国に多く存在するが、4年制の高等学校の中にも俳優を輩出する関連学科が設置されているほか、演技を専攻できる大学も多い。

全国の大学を対象とした、演劇・演技・ミュージカルなどの関連学科の2025年入試情報を集めたサイトによると、計55の大学が演技・ミュージカル・演劇などの俳優を育成するために新入生を募集している[1]。その中でも最も競争率が高いのは、『完璧な家族』で高校生役を演じた二人の出身校である、国立大学の韓国芸術総合学校である。

韓国芸術総合学校（Korea National University of Arts, K-Arts）は、芸術に特化した専門

1　公演ソーシャルネットワーキング「Our Theatre Review(OTR)」https://otr.co.kr/academy/?vid=15905&ckattempt=2（2025年2月12日閲覧）。なお、こちらの集計は、日本でいう共通テストの点数ではなく、内申や生活記録簿を基準とした選抜方法に基づいているものである。

教育を目的として設立された、文化体育観光部傘下の国立高等教育機関である[2]。米国のジュリアード音楽院をベンチマークし、総合コンサバトリー（総合芸術院）形式の高等教育機関として設立された。この学校の設立は、第13代の盧泰愚（ノ・テウ）大統領が掲げた大統領選挙公約「大韓民国文化発展10年計画」と深く関わっており、その推進過程で開設が決定され、1991年、盧泰愚政権下で大統領令により設置令が制定されたことに端を発している。

2022年の夏休み中に、韓国に一時帰国していた若者と出会った。彼はかつて子役として活躍し、中学校は海外、高校は韓国の芸術高校に通い、当時は海外の大学に留学中の1年生だった。そして映画監督になるために韓国の大学を再受験すると言っていた。目標は韓国芸術総合学校への編入だった。かつて映画業界では、ハリウッドをはじめとするアメリカの大学へ留学することが、世界的なクリエイターを目指すための一つのステップとされていた。しかし、現在では韓国の大学のカリキュラムや実習も非常に充実しており、国内で十分な学びの機会が得られると彼は話していた。

〝俳優のエリート養成機関〟として知られる韓国芸術総合学校の出身者には、『パラサイ

ト 半地下の家族』のパク・ソダム、『ユミの細胞たち』のキム・ゴウン、『ミスター・サンシャイン』『ミセン－未生－』のピョン・ヨハンなど、数多くの人気俳優がいる。また、私立大学の中でも俳優養成で有名な「ソウル芸術大学校」からは、『ソウルの春』のファン・ジョンミン、『梨泰院クラス』のパク・ソジュン、『イルタ・スキャンダル～恋は特訓コースで～』のチョン・ドヨンなど、映画・ドラマ業界を牽引する俳優が多く輩出されている。

こうした高等教育機関は、入学のための専門塾が設置されるほど競争率が高く、入学するだけでも優れた演技力が求められる。

なお韓国では俳優志望者が芸能事務所に所属し、デビュー前に厳しいトレーニングを受けるのが一般的だ。事務所によっては、歌手（アイドル）と同様に「練習生制度」があり、大手事務所は新人俳優の公開オーディションを開催することもある。また、作品ごとに俳優の公開オーディションを行うことも多く、実力さえあれば、無名の新人でも一気にブレ

2　韓国芸術総合学校HP　https://www.karts.ac.kr/index_karts.jsp（2025年2月13日閲覧）

イクするチャンスがある[3]。

韓国の俳優育成・教育システムは非常に体系的で、多様なルートが存在する。韓国ドラマや映画が世界的に成功している背景には、こうした俳優を育成するためのしっかりとしたシステムが大きく影響している。

しかし、俳優の道を志す人すべてが演技専門の大学や学科に進むわけではない。『ウ・ヨンウ弁護士は天才肌』の主演パク・ウンビンは心理学を専攻、『悪鬼』のオ・ジョンセは新聞放送学、『イカゲーム』のイ・ビョンホンはフランス語・フランス文学を学んでいる。演技、演劇、映画、美術、放送、舞台芸術など、俳優活動に直結する専門学科は多いが、経営、経済、哲学などを専攻しながら俳優として成功した人もいる。

舞台演劇の経験を積んでから映像作品へと進む俳優も多い。劇団では、即興劇や台本を使った演技訓練を通じて、実践的なスキルを身につける。舞台演技は発声・表現力・集中力を鍛えるのに最適であり、映像作品とは異なりリテイクができないため、一発勝負の演技力が求められる。

大学での学び、オーディションへの挑戦、そして下積みの厳しい訓練を経て、高い演技力を持つ俳優が次々と誕生し、韓国ドラマ・映画のクオリティを支えているのである。

ドラマとは何か

最後に、改めて「ドラマとは何か」を考えてみたいと思う。我々はなぜドラマに心を奪われるのか。ドラマに何を求め、その先に何を見出そうとしているのだろうか。ドラマを見る理由やきっかけは人それぞれであり、時代や世代によっても異なる。しかし、長い歴史を持つ映像作品であるドラマは、国境を越え、共通のテーマや感動、そして共感を人々の心に届け続けている。

3　ドラマ『補佐官』の俳優公開オーディション　https://cafe.naver.com/simddang0/67563　(2025年2月13日閲覧)、ドラマ『愛の不時着』の主役俳優のヒョンビンが所属しているVASTエンターテインメントの若手俳優公開オーディション　https://m.entertain.naver.com/article/112/0003439289　(2025年2月13日閲覧)

〝ドラマはリズムだ〟

ドラマを一言で表現すると、「リズム」だと言いたい。物語の展開や登場人物の感情の流れが音楽のリズムのように視聴者に響き、強い印象を与える重要な要素であることを強調したいと思う。

ここでいう「リズム」とは、ドラマのテンポや構成を形作り、視聴者を引き込み、共感や緊張感を生み出す骨格のようなものを指す。物語の基本となる「縦」のストーリーと、恋愛、友情、復讐、絆といった「横」のつながりが、突然の悲劇や予想外の展開をリズミカルに挟み込むことで、視聴者は深い感情に飲み込まれるような体験を味わうことができる。

そのリズムが際立って感じられる作品の一つが、『ジョンニョン：スター誕生』だ。この作品は、朝鮮戦争直後の1950年代を舞台に、天性の歌い手であるジョンニョンが国劇俳優を目指し、競争と友情の中で成長していく物語である。ドラマ全体に疾走感があり、まるで作品という乗り物に乗っているかのような感覚を味わえる。

ドラマのリズムは、国や文化によっても異なる。例えば、韓国ドラマではロマンティックなシーンや繊細な感情表現がリズムに変化をもたらしやすい。一方、日本ドラマは日常的で落ち着いたリズムが特徴的で、淡々とした表現が独自の味わいを生み出している。それぞれの国やジャンルにおけるリズムの違いこそが、視聴者に多様な感動を提供する鍵となっているのだ。

〝ドラマは説得の物語（ナラティブ）を描く〟

視聴者は実にわがままである。そのわがままがエンターテインメント性を要求する一方で、それだけでは視聴者の期待には応え切れない。ドラマは単なる娯楽を超え、メッセージや価値観、感情を伝える強力な手段であることは間違いない。

視聴者のわがままを満たすためには、ドラマに「説得」と「物語（ナラティブ）」の巧みな融合が求められる。登場人物の行動や言葉を通じて、視聴者にメッセージや価値観が自然に伝わっていく。例えば、正義や友情、愛といった普遍的なテーマが描かれることで、視聴者は共感し、自らの生活や価値観を見つめ直すきっかけを得る。このようなメッセージは「説得」として視聴者の心に浸透し、深く記憶に残るのである。

特に社会問題をテーマにしたドラマは、その問題について考える機会を視聴者に提供し、時には意識や行動に影響を与えることさえある。こうしたナラティブを通じて、ドラマは視聴者の価値観や認識に変化を促す「説得」の役割を果たしている。ドラマが描く世界は現実を再構築したものであり、新たなリアリティを提示する。そのリアリティを通じて、視聴者は新しい価値観や視点に気づき、時には自己をも再発見するのである。

〝社会が問い、ドラマが答える〟

ドラマは現実社会を映す鏡であり、視聴者が抱く疑問や不安に対して、物語を通じて解決策やヒントを提供する場でもある。社会的な問題や課題に対して、ドラマはキャラクターやストーリーを通じて答えを示し、視聴者に考えるきっかけを与える役割を果たしている。

本書で取り上げた数多くの韓国ドラマも、しばしば現実の社会問題をテーマとして扱っている。貧困や格差、ジェンダー問題、家庭の問題、職場での不正など、視聴者が日常で感じる不満や疑問がストーリーに反映されている。また、倫理や道徳に関する問いかけもよく描かれる。例えば、正義と悪の境界、家族や友人との絆、個人の幸福と社会の利益といったテーマは、現代社会に生きる多くの人々が抱える葛藤そのものであり、これこそがドラマが「葛藤の芸術」と呼ばれる理由である。

私もまた、この「葛藤の芸術」に魅了され、映像制作を志すようになった。きっかけは、ドラマ『砂時計』（1995年）だ。1980年代の韓国で実際に起きた民主化運動を背景に、政治界や経済界、裏社会が絡み合う巨大な権力に対抗する物語が描かれる。虚構の人物や設定を用いたフィクションでありながら、単に問題を投げかけるだけでなく、希望や理想をも示している。こうした物語は視聴者に勇気や励ましを与え、「こうありたい」という理想像を抱かせる。

このように、社会が問いかけ、ドラマがそれに答え、視聴者がその答えを受け取り共感し、時には行動に移す――その一連のサイクルが、ドラマの持つ力だと考えている。

最後に、本書の執筆にご協力いただいた皆様、そして書籍の出版まで導いてくださったディスカヴァー・トゥエンティワンの藤田浩芳さんに、心より感謝申し上げる。

黄仙惠

韓国ドラマ全史
なぜ世界的ヒットを連発できるのか？

2025年3月22日　第1刷

Author　黄仙惠

Book Designer　上坊菜々子

Publication　株式会社ディスカヴァー・トゥエンティワン
〒102-0093　東京都千代田区平河町2-16-1 平河町森タワー11F
TEL　03-3237-8321（代表）　03-3237-8345（営業）
FAX　03-3237-8323
https://d21.co.jp/

Publisher　谷口奈緒美
Editor　藤田浩芳

Store Sales Company
佐藤昌幸　蛯原昇　古矢薫　磯部隆　北野風生　松ノ下直輝　山田諭志　鈴木雄大
小山怜那　藤井多穂子　町田加奈子

Online Store Company
飯田智樹　庄司知世　杉田彰子　森谷真一　青木翔平　阿知波淳平　大﨑双葉　近江花渚
徳間凜太郎　廣内悠理　三輪真也　八木眸　安室舜介　古川菜津子　高原未来子
千葉潤子　川西未恵　金野美穂　松浦麻恵

Publishing Company
大山聡子　大竹朝子　藤田浩芳　三谷祐一　千葉正幸　中島俊平　伊東佑真　榎本明日香
大田原恵美　小石亜季　舘瑞恵　西川なつか　野﨑竜海　野中保奈美　野村美空
橋本莉奈　林秀樹　原典宏　村尾純司　元木優子　安永姫菜　浅野目七重
厚見アレックス太郎　神日登美　小林亜由美　陳玫萱　波塚みなみ　林佳

Digital Solution Company
小野航平　馮東平　宇賀神実　津野主揮　林秀規

Headquarters
川島理　小関勝則　田中亜紀　山中麻吏　井上竜之介　奥田千晶　小田木もも　佐藤淳基
福永友紀　俵敬子　三上和雄　石橋佐知子　伊藤香　伊藤由美　鈴木洋子　照島さくら
福田章平　藤井かおり　丸山香織

Proofreader　文字工房燦光
DTP　浅野実子（いきデザイン）
Printing　中央精版印刷株式会社

ISBN978-4-7993-3132-3
KANKOKU DORAMA ZENSHI by Seonhye Hwang

携書ロゴ：長坂勇司
携書フォーマット：石間　淳